JN127168

狂い咲く、フーコー

京都大学人文科学研究所　人文研アカデミー
『フーコー研究』出版記念シンポジウム全記録＋（プラス）

相澤伸依・市田良彦・上尾真道・上田和彦・王寺賢太・隠岐さや香
重田園江・北垣徹・久保田泰考・小泉義之・坂本尚志・柵瀬宏平
佐藤淳二・佐藤嘉幸・柴田秀樹・武田宙也・田中祐理子・千葉雅也
立木康介・中井亜佐子・長原豊・西迫大祐・丹生谷貴志・箱田徹
廣瀬純・藤田公二郎・布施哲・堀尾耕一・前川真行・松本潤一郎
森本淳生・森元庸介

読書人新書

「権力から抜け出そうとする運動こそが、主体の変容や、主体と真理との関係を明らかにするのに役立つはずなのです」（ミシェル・フーコー『生者たちの統治』より）

*本書は二〇二一年三月二七日、Zoom ウェビナー形式で開催された『フーコー研究』（岩波書店）出版記念シンポジウム「狂い咲く、フーコー」の発言に加筆修正を行なった記録である。

まえがき――フーコー的状況の只中で物事を考えるために

現在、複数の分断があると指摘されている。リベラルvs保守、エリートvs民衆、上級国民vs下級国民、既得権益者vs一般市民、といった分断である。

そうした状況は、ポスト・トゥルースと呼ばれる風潮とも重ね合わされている。一方には、政治的効果のためなら嘘やフェイクを躊躇わず（嘘も方便）、事実やエビデンスが争点になるや懐疑論にとどまらず否定論や陰謀論へと走り出し、しかもおのれの主観的確信を客観的真理と見なして怪しまない勢力があって、これが真理を蔑ろにする風潮を作り出しているとされる。これに対し、他方には、嘘やフェイクを理性的に批判するなら大衆の蒙を啓くことができると確信し（衆生を導く方便）、事実やエビデンスを持ち出しながらあくまでおのれの側だけが真理を手にしていると確信して、大衆は僭主や煽動家に欺かれていると見なして怪しまない勢力がある。

しかし、よく見れば気づかされるが、双方はそれぞれの仕方で真理を手にしていると確信しており、ポスト・トゥルースと言われているものの、ポストどころではない。しかも、深く対立しているように見える双方が、同じ真理の体制の下で、同じ舞台の上で争っている。個々の人物の品性や態度を別とするなら、争われているのは、気候変動の真理であり、民主主義の真理（真の民主主義）、政治の真理（真の政治）、経済の真理（真の経済）、宗教の真理（真の宗教）のことである。このとき、真理と知と権力と主体の関係を一貫して探究したフーコーが、いかに重要であるかが見えてくる。

　フーコーは、こう語っていた。「権力から抜け出そうとする運動こそが、主体の変容や、主体と真理との関係を明らかにするのに役立つはずなのです」（『生者たちの統治』八九頁）。そして、真理のための生きざまの重要性を語ってもいた。「主体が真理に到達するために必要な変形を自身に加えるような探究、実践、経験は、これを「霊性《スピリチュアリテ》」と呼ぶことができるように思われます。このばあい「霊性」と呼ばれるのは、探究、実践および経験の総体であって、それは具体的には浄化、修練、放棄、視線の向け変え、生存の変容などさまざまなものであり得ます。それらは認識ではなく、主体にとって、主体の存在そのものにとって、真理への道を開くために支払うべき代価なのです」（『主体の解釈学』一九頁）。フーコーは、権力や勢力から抜け出す霊性でもって、真理の探究を進めることを呼びかけていたのである。

本書は、小泉義之・立木康介編『フーコー研究』（岩波書店、二〇二一年）の刊行にあたりオンラインで開催された、二人のコメンテーターと執筆陣による合評会シンポジウムの記録である。これほどの陣容が一堂に会するのは稀有なことであり、それはまさにオンラインのおかげである。しかも、その記録を新書の形で刊行するのも稀有なことである。現在は複数の意味においてまさにフーコー的であり、本書が、状況の只中で物事を考えようとする人々に届くことを願っている。

二〇二一年五月

小泉　義之

狂い咲く、フーコー

京都大学人文科学研究所　人文研アカデミー『フーコー研究』出版記念シンポジウム全記録＋《プラス》

目次

第二部　パレーシア・生と死と文学・主体／精神分析

第一部　フーコーの全体像・読む「方法」・新自由主義

フーコーの巨大な重力

立木康介　本日は、大勢の方にご来聴いただいております。『フーコー研究』（岩波書店）の出版を記念した、合評会形式のシンポジウム「狂い咲く、フーコー」にようこそお越しくださいました。進行役を務めさせていただきます、立木康介と申します。どうぞよろしくお願いいたします。

京都大学人文科学研究所の共同研究「フーコー研究——人文科学の再批判と新展開」は、小泉義之さんを班長として、二〇一七年四月から二〇二〇年三月まで活動した研究班です。二〇二〇年度もその論集づくりが続き、『フーコー研究』はその最終報告書です。

京大人文研では、共同研究の集まりを伝統的に「研究班」と言います。私たちの研究班には、フーコーが専門の研究者はそれほど多くありませんが、哲学、思想史を中心に、政治学や文学、美学、科学史、法社会学、精神分析といった、各方面の一線で研究する研究者が集いました。いずれも、フーコーの巨大な重力を意識しながら、それぞれの分野で研究を積み重ねてきた方々です。『フーコー研究』は、班員三三名のうち二九名、ゲストの丹生谷貴志さんを加えて、総勢三〇名の執筆者、三〇本の論文から成ります。私は編者のひとりを務めさせていただいたのですが、編者の目からみても非常にクオリティの高い論文が揃っていると思います。

本日は願ってもない素晴らしいゲスト、重田園江さん（明治大学教授）、森元庸介さん（東京大学准教授）をコメンテーターにお迎えしました。まだ刊行間もない、年度末の時期に、二段組みで六〇〇頁近くある論集に目を通してくださったお二人に、あらためて御礼申し上げたいと思います。重田さん、森元さんから忌憚ないコメントをいただきつつ、合評会の形式で、『フーコー研究』の内容の一端をご紹介しますとともに、まぎれもなく二〇世紀を代表する思想家のひとり、ミシェル・フーコーの魅力をお伝えできたらと思います。

まず、私たちの研究班の班長、小泉義之さんから、この論集の手短なプレゼンテーションをお願いできればと思います。

真理と虚偽、宗教と無神論、理性と非理性、文化と野蛮

小泉義之　本日は、多くの方にお集まりいただき、御礼申し上げます。本書の編者の一人として、少しお話しします。フーコーは『狂気の歴史』の初版の序言を、パスカルとドストエフスキーの言葉を引用することからはじめています。現行の新潮社版の、田村俶氏の翻訳を引用します。

「パスカルによると、「人間が狂気じみているのは必然的であるので、狂気じみていないことも、別種の狂気の傾向から言うと、やはり狂気じみていることになるだろう。」ドストエフスキーには『作家の日記』の中に、「隣人を監禁してみても、人間がちゃんと良識を持っているという確信をもてない」という文章がある」。

フーコーは、このように『狂気の歴史』を書き出しています。そしてフーコーは続けて、「別種の狂気の傾向について歴史を書く必要があるのである」と宣言していきます。つまり、フーコーのいう狂気の歴史とは、何よりもまず、「別種の狂気の傾向の歴史」、すなわち、「狂気じみていないこと」の歴史、己をまともで健全とみなしている人間の歴史、また、己に良識があると確信している人間の歴史、しかし、実はやはり狂気じみている人間の歴史のことです。それはすなわち、理性的人間の歴史、理性を掲げる人間の歴史です。

ところで、その理性的人間は、己の良識を、隣人を監禁することによって確信しているのではありません。言いかえるなら、隣人を監禁することを止めても、理性的人間のその確信は揺るがないのです。ひいては、理性的人間が実は狂気じみているということも露わにはならないのです。むしろ理性的人間は、隣人を監禁から解放することによって、ますます己のまともさと良識についても確信を深めていくでしょう。

このようにフーコーが書いたものの一節を読み返すだけで、フーコーのいう歴史が、現在の分析にとっても依然として重要なものであるということがわかってきます。同じことは、フーコーの他の著作や講義録などについても言えることで、本書（『フーコー研究』）はそのことをあらためて押し出すものです。

われわれはこのような観点から、それぞれの論文を書いたわけですが、それはフーコーの書き物をいわば「古典」として扱うことを意味しています。その態度は、死にかけている文章に対して、現在的な関心から解釈の息を吹き込んで、それを生き返らせようとする、学者の典型的な態度にあたります。

しかし、現在においては、そのような態度を、フーコーをはじめとするフランス現代思想に対してとることが求められるように思います。というのも、誰もが薄々感じていることだと思いますが、今世紀に入ってからというもの、時代というか歴史というか、何ごとかが明らかに変わってきたからです。そのとき、前世紀の思想や学問について、打ち棄てるべきものと引き継ぐべきものとを見分けること、要するに古典として取り扱うことは、少なくとも研究者や読者にとっての責務であるように思います。

フーコーについての研究として見た場合、本書の特色のひとつは、各論文が、フーコーの全文献、全生涯を見通して書かれているところにあると言えます。それを通して明らかにされているのは、フーコーには何か一貫したことがあるということです。一例として「啓蒙」という線を捉えてみるなら、ただちにそれに手繰り寄せられるかたちで、真理と虚偽、宗教と無神論、理性と非理性、文化と野蛮といった線が出てきます。本書にはそのような線が、複数走っています。

さて、フーコーは、『狂気の歴史』という書物そのものも、「別種の狂気の傾向」から言うと、狂気じみていることを当然認めていたことでしょう。振り返るなら、デリダをはじめとする人々は、その傾向に反応したわけですが、フーコーのその「別種の狂気の傾向」については、今まで誰もうまく捉えてこなかったと思います。というのも、フーコーが権力や統治や新自由主義を分析するとき、あるいはまた、古代の哲学やキリスト教を分析するとき、言いかえると、そのような支配的なマジョリティの、理性的で現実的なるものを分析するとき、また、それを「別種の狂気の傾向」として分析するまさにそのときに、言いかえるなら、フーコー自身が幸福な実証主義者としてそれらを分析するまさにそのときに、フーコーはまた別の狂気の傾向を発揮し、それを生きているからです。そこがうまく捉えられてこなかったと思うのですが、本書にはそこに迫るものがあると思います。

以上、狂気という一つの線に沿って少し述べましたが、他の線についても同じようなことが言えるのではないかと思います。そしてそのことが、現在を分析するうえでも大いに寄与すると考えていますし、そう期待してもいます。本日の合評会では、本書を貫いている複数の線が浮き彫りにされていくだろうと思います。重田さん、森元さん、そして参加者の皆さん、本日はどうぞよろしくお願いいいたします。

立木　小泉さん、フーコーの全体像を含めて話していただき、ありがとうございます。本日は、われわれそれぞれの、内なる「別種の狂気」を花開かせて、狂い咲きたいと思っております。それではまず、重田園江さんにコメントを頂戴できればと思います。

フーコー像をどう捉えるか

重田　本書は七部構成になっており、二段組みで五九〇頁と非常に分厚い一冊です。私の専門はフーコーの統治性ですので、本書の第Ⅰ部（安全／科学／セクシュアリティ）、第Ⅴ部（運動／権力／（新）自由主義）、第Ⅵ部（真理体制／統治性／資本）を中心にコメントさせていただきます。

まず、本書全体に関係する点として、フーコーという思想家の全体像をどう捉えるかについて。これは私自身ずっと気にかかっていることです。次に、個々の章を取り上げながら、フーコーを読む「方法」について。本書は論文集なので、多様な読み方が展開されています。そのなかから浮かび上がってくる、フーコーを読む「方法」についてコメントします。最後に、新自由主義をどう理解するかについて、本書で気づいた点にコメントします。

一点目の全体像について。本書の執筆者の方々は、フーコーの原典を押さえながらきちんと読んでいくやり方をとっています。これは京大人文研の伝統と言えるでしょう。一つ一つの論文が、フーコーを緻密に読解している分、それぞれ細かい論点に立ち入っています。そのため、たとえばよく知っているつもりの統治性にかぎっても「フーコーはこんなことを言っていたんだ」と、読みながら新たな発見がありました。

逆に言うと、フーコーに親しんでいない人にとっては、入口に難しさがあるかもしれません。各章の議論が詳細かつ多岐に渡るため、全体像が見えにくいのです。たしかに、本書の複数の章が共有するテーマとして、啓蒙、パレーシア、統治という問題系は浮かび上がってきます。一方で、本書が全体としてどのようなフーコー像を示そうとしているのかについては、必ずしも明確ではありません。そこで、執筆者および編者の方々はこれについてどのようにお考えなのか、お伺いできればと思います。

「ある思想家について、その思想上の変遷を一望するような本を書いてみようと思い立った人がいる」と想定してみます。一冊で一人の思想家の全体を扱うような著作のことです。多くの場合、その思想家が初期の研究で突き当たった限界を乗り越えて、次の段階あるいは「新境地」に向かう、という書き方がされます。そうでないと、なぜある人の思想が展開していくのかうまく説明できなくなりますよね。

ですが、フーコーの場合、このような書き方は妥当なのでしょうか。あるいはこのような書き方をするべきなのでしょうか。とくに一九五〇年代から六〇年前後の初期のフーコーについて、本書から多くのことを知りました。たとえば王寺賢太さんの「二重化するフーコー」は、一九五〇年代のまだ思想の足場が十分固まっていなかったフーコー、この時期の「カント『人間学』への序文」を緻密に読解されています。ではそれ以降、六〇年代、七〇年代には（一九七二、三年に切れ目があるとすればその前後で）、フーコーの思想はどのように展開していくのか。また一九八〇年代のフーコーがそれ以前とどのような関係にあるのか。私が考えてきたのは、フーコーには、前のものを乗り越えて次に行くというよりは、別の角度から、別の方法で前に取り上げた事柄と関係する問題を改めて浮かび上がらせていくという側面が強いということです。その過程をどういうストーリーで描くべきなのでしょうか。私にはまだ答えはないです。しかし少なくとも、「乗り越え」→「展開」とは異なる書き方が必要だと思います。

また、フーコーをどう読むかに関連して、この論集では、『言葉と物』への言及が少ない印象を受けました。これは一九八〇年代、九〇年代初頭までのフーコー研究とはかなり違っています。その空隙を埋めるかのように、『狂気の歴史』や「カント『人間学』への序文」など、六〇年前後の話題、また七〇年代後半以降の統治性やパレーシアの問題に重心がシフトしているのも、この論集の特徴だと思います。この点について、研究班で意識されたことがあったのか、お伺いできればと思います。

フーコーを読む「方法」

重田　二つ目は、フーコーを読む「方法」についてです。やり方としてはたとえば、書き手が自分自身の専門領域から／への関係づけや参照によって、フーコーの射程を探る方法があります。これはフーコー研究者にとって、大いに参考になるアプローチです。たとえばこの論集では、隠岐さや香さんが、『言葉と物』や『知の考古学』と数学史の関係について論じられています（「フーコーの「考古学」と科学史的記述」）。隠岐さんも指摘されているとおり、フーコー自身は数学を取り上げることを避けていました。イアン・ハッキングは「成熟した科学」と「未成熟な科学」を区別していますが（科学史的にはその区別の妥当性、とりわけ「成熟した科学」という言い方には議論の余地があるかもしれません）、フーコーは意識的に前者を取り上げていません。フーコーが語りそうで語らなかった数学、数学史という視点から見直したとき、どのような新たな知見が出てくるのか、とても興味深かったです。

逆に、フーコーがいわば他のフィールドに「乗り込んだ」ところから見たとき、どのように評価できるのでしょうか。たとえばフーコーの言うパレーシアは、古代ギリシアの専門家からはどう見えるのか。フーコーは最近刊行された『性の歴史Ⅳ 肉の告白』（新潮社）でも、かなり集中してこの「他流試合」に取り組んでいる印象を受けます。ただ、どれくらい責任を持てる話をしていたのかは、時代を遡れば遡るほど（つまり古い時代を扱うほど）、判断が難しくなると思います。西洋古典語がご専門の堀尾耕一さんが、パレーシアという概念について、文献学的に検討しながらフーコーの意図にも寄り添いつつ、このことを論じられています（「パレーシアと民主制」）。古代ギリシア民主制においては、「すべてを語ること」、あけすけに「ぶっちゃける」ことがパレーシアなのであって、フーコーのようにパレーシアと真理との関係を強調するのは、パレーシアの用例として例外的である。そのことがわかり、とても勉強になりました。

これとは別に、フーコーを「実践」との関係で読む方法があります。フーコーが、監獄の状況改善を要求する「監獄情報グループ」に関わっていたことについては、これまで私も指摘してきました。相澤伸依さんは、同時期（七〇年代前半）のフーコーが、フランスの中絶解放運動に熱心に関わっていたことを取り上げています（「フランスの中絶解放運動とフーコー」）。この運動への参画のあり方に軸足を置いてフーコーを照射しなおすことで、フーコーの思想的可能性と彼が関与した運動の可能性がともに明らかになる、すぐれた論考だと思います。また、中絶の問題との関係で、フーコーが関心をもっていた「秘密」というテーマにも触れられています。これについてはもっと展開したら面白いのではないでしょうか。というのは、個人の秘密と組織や集団の秘密は、相反するような関係にあるからです。集団が秘密を持てるのはそれがなんらかの権力構造に依拠しているときです。そしてその場合、個人の秘密は剝奪され、抑圧されます。秘密は権力関係と切り離せない事柄だと思います。

また、フーコーのテクストそのものの緻密な読解に基づく議論の再構成を行った諸論考も、興味深かったです。私は『統治の抗争史――フーコー講義1978-79』で、「統治」や「人口」「エコノミー」などの概念の歴史を辿りましたが、sécurité〔英 security〕については十分検討できませんでした。西迫大祐さんの論文は、この sécurité という大変難しい概念の歴史を記述してくれています（「配慮と不安を遠ざけるもの」）。

一方、先ほども触れたように、王寺さんはたいへん深い哲学史的な素養をベースに、フーコーの議論を精緻に検討されています（「二重化するフーコー」）。このように、統治の歴史や概念史、また哲学史に照らしてフーコーを位置づける、つまりきちんと「裏を取って」議論を展開する手法は、手堅いものであるし、フーコー研究の水準を上げる意味で重要だと思います。次の研究者は前の研究を踏まえて、さらにそこに新たな知見を積み上げていくことができるからです。ただし、古代については古代語であるラテン語とギリシア語ができないとハードルが高く、それを抜きにして語るのはどうしても抵抗があるので、私は論じたことがないです。

でも今回、古代についても「裏を取る」のとは異なったアプローチがあるんだ、と思わされました。千葉雅也さんは、「生き様」という観点からフーコーにとってのパレーシアを読み解いています（「生き様のパレーシア」）。とても美しく熱い文体で、感極まって何度も読むのを中断するほどでした。短い論文ですが、フーコーのテクストを読んでいるときに時折襲ってくる感情と似たものを惹き起こす、不思議な魅力溢れる論考です。千葉さんありがとう。また私は丹生谷貴志さんの文章を、学生時代ですからもう三〇年くらい前、六本木のシネ・ヴィヴァンや渋谷のシネマライズなどで変なフランス映画を観ていたころから愛読してきました。今回の文章も、丹生谷さんにしか書けないものだと思います。丹生谷さん、変わってなくてうれしいです（「砂の上の〈監視〉と〈舵取り〉・ノート」）。

以上のように、フーコーを読む方法、フーコーについて語る方法はとても多様だということを改めて感じました。

フーコーと新自由主義

重田　最後に、フーコーと新自由主義についていくつかコメントします。本書を読む前から、次のようなことが気になっていました。そもそもフーコーは、経済学の歴史をどのようにみていたのでしょうか。たとえばフーコーの議論には、ケインズや「限界革命」がほとんど出てきません。経済学の歴史に自分の仕事をつなげたり位置づけたりする気はなかったと私は思っています。とすれば、経済学への言及を通じてフーコーがやりたかったことは何だったのでしょうか。そのひとつに「新しい統治の技法」が挙げられます。ただし、これについてのフーコーの議論には慎重な限定がなされています。書かれたものの背景にある意図が十分明らかになっていない以上、フーコー自身による限定や留保を超えて議論を広げていくときには、かなり注意が必要です。

さらに、フーコーと新自由主義について論じるためには、まずベンサム論をやらなければならないと考えています。新自由主義にはさまざまな要素があり、フーコーが取り上げていない部分ももちろんあります。フーコーが新自由主義をどう捉えていたかは、フーコーとベンサムとの関係を整理することでかなり明確になるのではないでしょうか。そのあとに残る部分、つまりフーコー引く（フーコーが捉えた）ベンサム、それが明らかになってはじめて、他の新自由主義者を取り上げる余地が出てくるのではないかと思っています。言い換えると、フーコーが論じた新自由主義のかなりの部分は、ベンサムがすでに萌芽的に含んでいるもののように思います。フーコーと新自由主義、あるいは「フーコーは新自由主義に共感したのか」といった問いも、まずはベンサム問題が片づいてから、と思っています。

新自由主義は同時代の問題なので、扱いが難しいです。とくに、新自由主義を論じるにあたって、フーコーを引用しないと言えないことなのかどうか、しっかり見極めることが重要です。

たとえば、デヴィッド・ハーヴェイなどから論じた方がよい（フーコーでなくてもよい）場合もあるのではないでしょうか。それだけでなく、同時代の問題については、残っていく議論と消えてなくなる議論を見極め、概念史や思想史、また学史を通じて裏（証拠）を取ることが重要です。たとえば、一九八〇年代から一九九〇年代前半に日本でフーコーについて議論されていたことのうち、どれほどのものが現在まで残っているでしょうか。これと同じことは、新自由主義についての議論でも起こりかねません。

たとえば、政治哲学者ウェンディ・ブラウンについて、少なくとも『いかにして民主主義は失われていくのか』においては、フーコーを矮小化して取り上げて自分がそれより先の議論をしているように見せる、よくある「藁人形」的な手法なので、顧みる必要を感じません。これとのつながりでは、イラク戦争後にイラクの農家がアメリカの遺伝子組み換え種子を使わざるをえなくなったことに、本書で中井亜佐子さんが言及しています（「「主婦化」するホモ・エコノミクス」）。しかし、アメリカ政府、また農薬・種子大手のモンサント社（現在はバイエル社が買収）は、それ以前も以後も、アメリカ国内、カナダ、メキシコ、インドなどで同様のことをしてきました。つまりイラクでのモンサントの問題は、「生きさせる」のがアメリカなど先進国の人々で、「死の中へ廃棄する」のがイラクの人々、といったしかたで固定的に実体化できるものではありません。「生きさせるか死の中へ廃棄する」という『知への意志』での表現は、権力の機能、あるいは「はたらき」の次元の話であって、誰が生きさせられるのか、誰が死の中へ廃棄されるのかを実体として名指すものではないのです。ですから、フーコーの議論を具体的な事例、歴史上の出来事に結びつける際には、その事例の固有性や文脈にどれだけ合致しているか、慎重に吟味しなければならないと思います。

またこの事例は、よく考えるとどのような意味で「新自由主義的」なのでしょうか。アメリカを中心とする「ワシントン・コンセンサス」とよばれる国際経済秩序のなかで、インドやアフリカなどの諸外国に、種子と肥料、遺伝子組み換えの綿花などが持ちこまれていきます。そのプロセスにはＩＭＦや世界銀行、ＷＴＯが関わっています。これは「新しい植民地主義」と言えるでしょう。ではこれを「新自由主義」と呼ぶべきなのか。この動きは、多国籍企業、現地の政府の要人やロビイストを取り込んでいく、非常に政治的なものです。また、ミルトン・フリードマンの弟子たち、いわゆる「シカゴ・ボーイズ」が、チリ国内で、ピノチェト独裁と規制緩和の経済改革をセットで行った実験があります。どちらの例も、フーコーが問題にしていた「新自由主義」とどこで繋がり、どこで分岐するのでしょうか。とりわけ国際的な取引やグローバル市場が問題になる場合に、新自由主義という言葉をどのような意味で使用すべきかは、慎重に考えるべき事柄だと思います。

人的資本論

重田　その延長で言うと、シカゴ学派の第二、第三世代について、今まであまり思想史的な検証がなされてきていない印象があります。ドイツのオルド自由主義については、日本なら雨宮昭彦さんやドイツの経済史研究者によって綿密な検証がなされてきています。では、シカゴ学派はどうでしょう。シカゴ学派第三世代の経済学者ゲーリー・ベッカーは、初期から犯罪や処罰についての論文を書いていて、単著では『差別の経済学』を最初に出版しています。これらは経済学で扱われてこなかったテーマを、経済学のモデルで扱えることを示そうとした仕事だと思います。

こうした経済モデルの拡張の一つである「人的資本」のアイデアは、たとえば途上国の女子教育の推進のために引き合いに出されることがあります。つまり彼らが、人的資本論や合理的人間モデルを掲げた背景やその議論の射程について、どう評価すべきか微妙な点、もっと掘り下げて考えるべき点があるということになります。また、シカゴ学派の第二世代として知られるセオドア・シュルツの農業経済学は、途上国農業の「近代化」に貢献したと言われます。ベッカーやシュルツは、ホモ・エコノミクスの人間モデルを他の分野に延長していく流れとも言えますが、彼らのなかには途上国の福祉を向上させようとまじめに考えている人がたくさんいます。ですから、そのやり方が「新自由主義」とみなされるにしても、彼らの仕事のどの次元を、どのように批判していくべきなのか。このことは課題として残っています。

いま話していることは、私がフーコーの新自由主義論を不十分と思っているとか、それに懐疑的だという意味ではないです。フーコーは自らの統治性研究の構想の中で必要なかぎりで、特定の観点から新自由主義を取り上げた。そのことはコレージュ・ド・フランスの講義で何度も強調しています。フーコーの議論の射程を測ることと、新自由主義に対してさまざまな角度から批判的眼差しを向けることとは、ある程度分けて考える必要があるだろうということです。

ポスト・ホモ・エコノミクスの経済学

重田　ゲーム理論や進化経済学、行動経済学は、ホモ・エコノミクスの経済学とは別の見方を提示しています。これらのポスト・ホモ・エコノミクスの経済学をフーコーの議論とどのように結びつけるのかも、難しいところです。ホモ・エコノミクスの概念史を辿る際には、その使用歴の確認と、それぞれの場面でのその使用法の確定が重要です。

ほかにも、経済学の歴史から見て気になるワードとして、たとえば「コスト＝ベネフィット」

という用語があり、この論集でも佐藤嘉幸さんと廣瀬純さんの論文で扱われています（佐藤「生権力／生政治とは何か」、廣瀬「統治性論はなぜ棄てられたのか」）。このことばは、一九世紀フランスの経済学者ジュール・デュピュイが「費用・便益分析」としてはじめて用いた可能性があります。彼は土木技術者でもあり、エンジニア・エコノミストのひとりです。つまり、コスト＝ベネフィットは公共事業に関わる文脈で用いられてきた語で、いまでもこの語は公共事業における収支計算に関連して使われることが多いです。これを市場取引の例の中で持ち出すのはどれほど適切なのか。また、もっと大きな話としては、フーコーは市場の原理が「交換から競争へ」シフトすると述べていますが、実際の経済学の歴史のなかでそういうことが言えるのかどうか。たしかに競争は二〇世紀経済学の争点の一つなのですが、フーコーの話し方はざっくりしすぎているようにも思います。競争は一八世紀の「情念の政治経済学」における重要概念であった一方で、二〇世紀に交換が主要論点でなくなるとも言えません。

以上のような理由から、経済学史のなかでフーコーの新自由主義論を見ていく際に、その位置づけは、たとえば古代におけるパレーシアとフーコーのパレーシアの異同という場合と同じようなやり方で、再吟味される必要があると思います。

最後は駆け足になってしまいましたが、研究会の企画・運営は言うまでもありませんが、論文を執筆され方々も、この大部の論集を編集された方々も、大変な苦労があったと思います。

フーコーの多様な読み方が展開されていて、まだまだフーコー研究には発展可能性がたくさんあることを、本書を通じて再認識しました。フーコーが多くの人の知的興味を刺激しつづけていることも分かりました。『性の歴史Ⅳ 肉の告白』（新潮社）というフーコーの新刊、そして人文研共同研究のスピンオフ作品である『ミシェル・フーコー『コレージュ・ド・フランス講義』を読む』（水声社）も刊行されました。これをきっかけにフーコーを読む人が増え、新たな魅力の発見がつづいたらいいなと思っています。ありがとうございました。

常識／現在を問い直す

立木 重田さん、ありがとうございました。さあ、私たちが応答する番です。重田さんには、大きく三つの論点を提示していただきました。フーコー像、フーコーを読む方法、そしてフーコーと新自由主義の問題です。フーコー像については、小泉さんが先ほど「別種の狂気」というポイントを示してくださったように思います。フーコーを読む方法について、何かつけ加えていただくべきことがありましたら、お話しいただけますか。

小泉 ご発表、ありがとうございました。フーコーのイメージは、理性批判の人だと思います。その批判というところに、フーコーの場合、人間学や啓蒙の問題がかかわっています。その議論の幅広さ、射程の大きさというものが、この論集で明らかになったことのひとつです。勝手な思いつきをいいますと、フランス現代思想は、ドイツ観念論の再版という気がします。宗教戦争、フランス革命後にドイツ観念論が登場し、ロシア革命、第二次世界大戦後にフランス現代思想が作られていきます。ドイツ観念論以降、一九世紀、二〇世紀にかけて、理性的なもの、および現実的なものを批判する営みが続けられてきました。フーコーは、その幅広さからしても、影響力の大きさかららいっても、マルクス主義のオルタナティブではないかと思います。フーコーの視点から近現代を見直すというモチーフが、この論集にはあります。今回の編集作業を通じて感じていたのもこのようなことでした。

立木　フーコー像、フーコーの読み方について、市田良彦さんはいかがでしょうか。

市田　重田さん、ありがとうございました。今の重田さんのお話でひとつ気づいたことがあります。この研究班では、いまフーコーをどう使うか、どう使えるかという話は、あえてしなかったように思います。フーコーを古典として読む、また近現代を見直すものとして読むということを小泉さんはおっしゃいました。私なりに言い換えれば、私たちの「常識」になっているフーコーを読み直すことで、私たちのその常識、「近代人である」ことを含む常識をこの研究班では問い直そうとしていたのではないでしょうか。

一九八〇年代、一九九〇代にフーコーはある意味で使い倒されたわけですよね。人文科学系の研究者にとってはまさに常識と化しているフーコー由来の見方がたくさんあります。権力、知、言説、等々の概念を使うとき、私たちは確実にフーコーの敷いた地平のなかにいるし、今日、「アイデンティティ」（性的、人種的、等々）の問題を論じるときに彼の仕事を外して議論することはほとんどできない。そういう私たちの現在をもう一度問い直す必要がある、と私たちは考えてきたのではないでしょうか。

問い直すとはどういうことか。それに関して私が刺激を受けた論文を強いて挙げれば堀尾さんと隠岐さんのものでしょうか。お二人は、いわばフーコーの外からフーコーを見ておられる。フーコーを批判していると言ってもいいでしょう。その点においてお二人の論文は論集の中で際立っています。しかし私の目にはその批判的な眼差しによって、お二人の論文は結果的にフーコーの独自性や特殊性を浮き彫りにしているようにも見えました。お二人の問題提起や批判に応答しうるフーコーもまたいるのではないか、と。お二人の言及していない彼のテキストや文章が次々に「応答」として頭に浮かんできたわけです。今日において可能かつ必要な発見的な読み方を、お二人の論文は示唆してくださった気がします。そしてフーコーの内と外を対決させることを、私たちの共同研究はずっとやってきたのだな、と改めて思わせてもらいました。

立木　では、突っ込んだ議論になると思いますが、新自由主義の問題に入りましょう。佐藤嘉幸さんに口火を切っていただきます。

新自由主義の「コスト＝ベネフィット分析」

佐藤嘉幸　私は本論集で「生権力／生政治とは何か――レイシズム、自由主義、新自由主義」という論考を書いています。「生きさせ、死ぬに任せる権力」（『社会を防衛しなければならない』）というフーコーの生権力の定義に着目しながら、『社会を防衛しなければならない』における国家レイシズムと生権力の関係、そして『安全・領土・人口』、『生政治の誕生』という自由主義的統治性を分析した講義における、自由主義と生政治の関係について考察しています。

重田さんは、新自由主義の学説史を調べておられて、その視点からフーコーを読むと納得できない部分も出てくる、ということを言われたと思います。フーコーは大胆かつ大雑把な図式を作るのが好きな人です。例えば、彼は『言葉と物』で経済学史を分析しながら、スミスとリカードの間の「交換から労働価値へ」という移行が、表象から人間へのエピステーメーの移行にとって本質的である、と主張しました。そこから彼は、リカードとマルクスの間に切断はない（！）、とさえ主張したわけです。『言葉と物』の出版当時、多くのマルクス主義者がこの挑発に激怒したわけですが、それも無理からぬことだ、と言うべきあまりに大雑把な図式です。

ところで、自由主義から新自由主義への移行を「交換から競争へ」と定義するフーコーの図式は、確かに『言葉と物』のそれと同程度に大雑把なものですが、同時に、新自由主義の本質を的確に捉えた図式だとも言えます。自由主義が市場での交換による価格の最適化に注目するのに対して、新自由主義は、社会の中の市場化されていないセクターを市場と見なし、そこに人工的に競争を生産することで人口＝住民を統治するような統治性だからです。新自由主義的統治性に関するこうした理論的定義は、ハーヴェイの『新自由主義』には存在しません。ハーヴェイは、新自由主義の展開の歴史をグローバルなレベルで淡々と記述するのみです。

重田さんは私と廣瀬さんの論文について、「コスト＝ベネフィット分析」という概念はもともと公共政策を評価する概念であり、それを市場に適用するのはおかしいのではないか、とも指摘されましたが、私にはご指摘の意味がよくわかりませんでした。むしろ、重田さんのご指摘の通りであるからこそ、私や廣瀬さんの分析が正当化される、という点をここで明確にしておきたいと思います。

「コスト＝ベネフィット分析」とは、公共政策に関わる数値化できない要素を数値化し、コストとベネフィットを比較するという経済学的分析方法を適用して政策決定を行う（例えば、ある場所に橋を作ることによって住民が得る「ベネフィット」という非経済学的対象を数値化し、橋を作る経済学的コストと比較することで、実際に橋を作るかどうかを決定する）、という手法です。新自由主義は、市場化できない非経済学的要素を市場的なものと見なして経済学的に分析する統治性

（統治性はまさに政策決定に関わる）であるという意味で、「コスト＝ベネフィット分析」を意識的に反復しています。それに対して、企業の経済活動では、コストとベネフィットの比較は数値レベルで容易であり、利益が出ていればベネフィットがコストを上回っていることになるので、こうした複雑な「分析」を行う必要さえありません。

福島第一原発事故後に、放射性物質で汚染された広大な土地を除染すべきかどうかをコスト＝ベネフィット分析に基づいて決めるべきだ、といった議論がありました（『原発事故と放射線のリスク学』における中西準子と飯田泰之の議論が典型的です）。これは、除染の「ベネフィット」という数値化できない要素を数値化することに基づく新自由主義的議論です。しかし、「広大な地域の除染には、コストに見合ったベネフィットは生じないので、除染に合理性はない」と学者が述べるとしても、汚染された地域に住んでいる住民にとって、被曝量を軽減できるという意味で、除染には十分な「ベネフィット」があります。東京電力が事故でばらまいた放射性物質の残存を許容する理由は、住民にはありません（この点について詳細に展開する紙幅はないので、黒川祥子『心の除染という虚構――除染先進都市はなぜ除染をやめたのか』や、宮崎真・早野龍五論文による被曝量過小評価など、福島県伊達市の一連の事例を参照してください）。

新自由主義は社会の中の市場化されていない対象を市場と捉え、それに「コスト＝ベネフィット分析」を適用するような統治性です。そして、統治性とはまさしく「公共政策」を決定するものです。例えば、シカゴ学派第二世代のゲーリー・ベッカーは、論文「犯罪と処罰――経済学的アプローチ」の中で、刑罰政策という非経済学的（かつ公共政策的）問題を経済学的に分析し、どのレベルの犯罪を罰金刑とし、あるいは懲役刑とすべきかを考察しています。しかし、そもそも犯罪も刑罰も市場とは何の関係もなく、コスト、ベネフィットの観点から分析すべき対象でもありません（少なくともベッカー以前はそうでした）。このように、犯罪、刑罰の社会的コスト、ベネフィットといった数値化できない対象を数値化して評価し、それを基にして統治行動を決定するのが、新自由主義の「コスト＝ベネフィット分析」です。ベッカー自身、「犯罪と処罰」が収録された『人間行動への経済学的アプローチ』の中で、この概念を用いています。さらに、同書でベッカーは、この分析方法を、結婚、子作り、教育といった非経済学的対象へと拡張しています（これを「経済学帝国主義」と形容することもできるでしょう。私は経済学を勉強したこともありますが、こういう手法には吐き気がします）。ですから、新自由主義的統治性を分析するために「コスト＝ベネフィット分析」という概念を用いることは、この概念のもともとの意味に適っています。

可能性を秘めた新自由主義論

佐藤　次に、研究班の論集自体がどういうフーコー像を示しているのか、という点についてお答えするなら、各論文が多面的なフーコー像を示しており、フーコーの新自由主義論についてもそうである、という答えになると思います。私たちの論集は、これがフーコーの新自由主義論である、という統一的な定式を出そうとしているわけではなく、意識的に多面的な像を提示している部分があります。例えば箱田さんは、新自由主義とフーコーの関係がさまざまな論者によってどのように問題化されているか、という視点から論文を書かれています。

また廣瀬さんは、フーコーが新自由主義に惹かれていた面があると述べていますが、それも一面では真理でしょう。フーコーは『生政治の誕生』で、規律権力に対して新自由主義は少数者の実践により寛容である、と述べているからです。本論集で示されたこれら多面的なフーコー像は、フーコー読解のみならず、フーコー自身の多面性によるものでもあります。

同時に、新自由主義は人間の服従化＝主体化に密接に関係した統治術である、ということも指摘しておきたいと思います。新自由主義は競争が存在しない領域に人工的に競争を生産することで、競争原理を主体に内面化させる。それによって、新自由主義的な競争する主体、自己に投資する主体が生まれてくる。自己に投資し、自己をマネージメントする「自分自身の企業家」という興味深い表現が『生政治の誕生』に出てきますが、こうした概念こそフーコー理論の真骨頂だと思います。新自由主義的統治性が作り出す主体の特徴は「自分自身の企業家」である、とフーコーは主張しました。新自由主義によるこうした主体統治の分析は、ハーヴェイの中には出てきません。

フーコーの定式化を受けて、ネグリ＝ハートは『アセンブリ』（岩波書店、二〇二一年刊行予定）でこの概念を逆用します。彼らは、新自由主義権力のスローガンとして「自分自身の企業家《アントレプレナー》」という表現を使うのではなく、「マルチチュードの企業家活動《アントレプレナーシップ》」という概念を提起しています。彼らが主張するのは、権力に抵抗する側も、ラディカル・デモクラシー的な自己統治の実践を「アントレプレナー」として創造的に展開することができるし、現に多くの社会運動がそれを展開している、ということです。そうした思想家間の概念、理論の伝達も含めて、フーコーの新自由主義論にはさまざまな可能性が秘められていると思います。

立木　フーコーの新自由主義論の多面性と可能性を印象づけるお話でした。重田さんは、中井亜佐子さんの論文にも具体的に言及されていました。また農業経済学やベンサムの名前なども出てきました。中井さん、農業経済学が専門の長原豊さん、論文でベンサムを取り上げ、「統治性講義のフーコーはネオリベだった」とも述べている廣瀬純さんにご発言願えますか。

ウェンディ・ブラウンがなぜフーコーを必要としたのか

中井　重田さんからのご指摘に応答しつつ、私の論文「「主婦化」するホモ・エコノミクス――新自由主義的主体の変容と未来」の趣旨を簡単に説明したいと思います。

まず、新自由主義を論じるのになぜハーヴェイだけではだめで、フーコーが必要なのか。私はこれを、重田さんが批判されているウェンディ・ブラウンがなぜフーコーを必要としたのか、という問いとして考えたいと思います。これは、彼女の新自由主義論（『いかにして民主主義は失われていくのか』）が何を目指していたのかということとかかわっています。新自由主義のもとではなぜ階級闘争による変革が起こりにくいのか、自由競争が結果的には全体主義に近似した社会を生んでいるのはなぜなのか――ブラウン自身の言い方を借りれば、なぜホモ・ポリティクスは敗北したのか――彼女の目的はこうした問いを説明するための理論的枠組みを構築することであったと、私は考えています。

ハーヴェイは新自由主義を階級イデオロギーとみなし、経済エリートが自分たちの階級利益を維持するための政治的なプロジェクトとして定義しています。ハーヴェイの枠組みにおいては、いまだ労働者と雇用者のあいだの階級闘争の可能性が保持されています。一方、ブラウンは、階級対立や闘争がすでに無効化されているという現状認識から出発しています。その理由を説明するためにブラウンは、新自由主義を統治理性の問題としてとらえるフーコーを導入する必要があったのです。つまり、新自由主義的理性の命令にしたがってあらゆる労働者が人的資本ないし「自分自身の企業家」につくりかえられた世界では、階級闘争は不可能になるのだと。とすれば、新自由主義を打破するのはきわめて困難で、ブラウン自身、突破口を見いだしているわけではありません。

ご指摘のとおり、フーコーの生政治の問題系は、新自由主義をグローバルな資本蓄積の問題ととらえるマルクス主義とは相性がよくありません。グローバル・アグリビジネスによる伝統農業の破壊は、従来は後者の新自由主義論の枠組みで扱われてきました。ブラウンがやろうとしたのは、異なる系譜から出発した両者の議論をあえて接続することによって、新自由主義の全貌を描き出すということだったと思います。もともとつながっていないものをつなげようとしているわけですから、論理矛盾が生じている箇所は少なくありません。しかし、フーコー自身もアメリカ新自由主義者のテクストをかなり逸脱的に読解していますし、古代ギリシア哲学を誤読することによってあらたな地平を切り開いたのだとすれば、逸脱的な読解は新しさを生む土壌として、肯定的にとらえることもできるでしょう。

私の論文はけっして、ブラウンがフーコーより「先の議論をしている」などと主張するような内容ではありません。また、ブラウンがフーコーを「矮小化」しているとも思いません。学術的な批判を個人の卓越性競争のレベルでとらえるのは不毛だと思います。私の論文のそもそもの企図は、フーコーの読解から出発して、新自由主義とフェミニズムの関係を問いなおすことでした。これまでブラウンも含めた多くの論客は、新自由主義的主体が「男性」であることを前提としてきました。

しかし私は、人的資本の最適解は「女性」としてジェンダー化される者なのではないか、という問題提起をしました。まず、フーコーが『生政治の誕生』のなかで人的資本を定義するときに、ベッカーの議論をもとにして「子どもを養育する母親」の例を検討していることに注目しました。人的資本とは定義上、資本を保持する者とそれに投資する者は同一主体であるべきですが、子どもに愛情を投資する母親は、その行為によってむしろ貨幣所得を得る機会を消失しており、人的資本を増大させるチャンスを失っているようにみえます。しかしながら、フーコーが指摘するように、新自由主義者は母親が子どもの成長を見ることによって「心的所得」を得ていると主張します。この「心的所得」という考え方は、親の遺伝形質や愛情を資本や投資行為に置き換えるのと同様に、新自由主義による「経済化」が貨幣化と同一ではないという重要な事実をあきらかにしています。

私にとっては、この母親の愛情投資をめぐる議論は、一九七〇年代から八〇年代のマルクス主義フェミニズムによる「主婦化」の議論を想起させるものでした。マリア・ミースの定義（『国際分業と女性』）によれば、「主婦」とは、労働者とはみなされないがために過剰に搾取される者のことです。富裕国でも貧困国でも「主婦」の労働は無償ないし低賃金で、しばしば劣悪な環境下で行われます。彼女たちはそれぞれが孤立しており、工場労働者のように連帯して待遇の改善を要求することもできません。このような意味での「主婦」こそが「自分自身の企業家」の実像なのではないかというのが、私の論文の主張の根幹部分です。

もちろん、マルクス主義フェミニズムとフーコーとはまったく異なる思想的系譜に属しますし、その意味で私のフーコー読解もかなり逸脱的なのですが、フーコーのいう人的資本が同時代のフェミニストが定義していた「主婦」に偶然にせよ近似しているという点は、新自由主義が何であるのかを考えるうえでの重要な手がかりになると思っています。

このことは「生きさせるか、死のなかへ廃棄するか」の解釈とも関係します。ブラウンも私自身も、この問いを富裕国と貧困国の関係として実体化してとらえているわけではありませんし、両者のあいだの分断を強調しているのでもありません。私の論文ではむしろ、この両者が分離不能であること、フーコーとブラウンが使う比喩を援用すれば「自己犠牲的な母親」（富裕国のマイルドな新自由主義）と「困窮するシングルマザー」（貧困国の搾取的新自由主義）とは表裏一体であることを、積極的に論証しようとしました。ミースもまた、富裕国の女性と貧困国の女性の間の関係をたんなる対立ととらえるのではなく、両者は連続しており、後者は前者の未来像であると指摘しています。

あらゆる人間を「主婦化」する新自由主義

中井　最後に、新自由主義のエンパワーメント効果について。シュルツの人的資本論を読むと、労働者をたんなる労働力ではなく経済主体に格上げしようという主張には、元気づけられてしまう面があるかもしれません。しかし、新自由主義のこのエンパワリングな外面《そとづら》こそが、ブラウンの使う比喩を借りれば「シングルマザーに差し出されたヘロイン」なのではないかというのが、私が論文で指摘したことの一つです。麻薬効果でいっときは気分がよくなるかもしれませんが、それは根本的な解決策ではないばかりか、長期的には甚大なダメージを被ることになります。

ミースはもともとインドをフィールドとする社会学者ですが、『国際分業と女性』のなかでも、インドの農家に融資をして換金性の高い作物を生産させようという農業開発プログラムが――ボランティア組織の人たちは善意でかかわっていたのでしょうが――実際には、農村女性をエンパワーするどころか「過剰搾取」していた（彼女たちは名目上小規模事業者だが、労働時間の増大に見合う収入を得ていなかった）という当時の研究成果を紹介しています。

富裕国においてもしばしば、新自由主義は女性にある程度は利をもたらしたと考えられてきました。日本では男女雇用機会均等法（一九八五年制定、一九八六年施行）が新自由主義的女性政策の代名詞のようになっていますが、短期的には均等法が（少なくとも一部の）女性に利益になったのは事実です。しかし他方で、新自由主義は非正規雇用を促進し、福祉削減によってジェンダー化された無償労働を増大させたために、ますます多くの女性が困窮したり、社会的な成功を収めたとしても過労状態に陥ったりしています。長期的にみれば、新自由主義はあらゆる人間を「主婦化」することによって、人間そのものを壊していくのではないでしょうか。

〈立派に自立した合理的な人間にしてあげる〉

長原　せっかく立木さんが発言の機会を与えてくださったのですから、ご要望があった視点から気の利いたことのひとつも話せればいいのですが、そもそもガクシャを名告ったことのない僕がいまさら農業経済学者を名乗れば斯界の専門家に叱られるので、その認定はしばらく返上させてください。

さて本書で僕は、身体の所有－獲得《ポゼッション》を強いられ、労働者《プロレタリアート》と呼ばれることになる「人間の群れ」の歴史的形成としての資本制近代とその暴力的端緒《クー》という古色蒼然たる視点から、フーコーを批判的に論じました。ですから、「剝奪《ディス・ポゼッション》による蓄積」を主張する、最近ではスタ派にもその「栄誉」を与えることにしたらしいドイッチャー賞を受賞したハーヴェイには、きっちり落とし前を付けておくのが仁義でしょうが、そうした仕事は、僕が関わってここ一、二年のうちに日・米それぞれで刊行される二冊の編著書で詳細に議論することになっているので、彼のネオリベ論については他の人にお任せします。もちろんロンドンで見物したハーヴェイの受賞記念講演は、手控えなしで『資本論』をつらつら引用しながら論ずる、たいそう立派なものでしたが……。

むしろ僕は、ここでは、中井さんが蓋を開けてくだすった「パンドラの箱」から散種された論点をあえて搦め手から触れてみたいと思うのです。それは、重田さんがフーコーの講義録『生政治の誕生』に関わって曰くありげにその名を挙げられたことを承けて中井さんが鋭敏に伐り込まれたシュルツという初期シカゴ学派の人物が象徴する政治性に関わってます。論点は盛り沢山ですが、ここではそれを二点に絞って弄くっておきます。

第一に、些末と思われるでしょうが、あるウザい言葉をひとまず処理しておきます。それは、この国では恥知らずにも「自立」などと訳されることもある〈Empowerment〉という上から目線で尊大な政治語――〈力を授ける empower〉につねにすでに含まれているどこかのエライ人の〈訓《おしえ》 pedagogy=pais（子供）+agoggos（指導者）〉――がシレッと発揮している隠微な文字通りの権力性に関わっています。それはまた、「自分自身の企業家」なるものの上からの恩着せがましい訓育的養成《ドメスティケーション》にも関わっているのですが、この〈立派に自立した合理的な人間にしてあげる〉といった〈うっせぇわ〉的言い草は、しかしじつは、七〇年代でのヴェトナム戦争の泥沼化とニクソンの

「名誉ある撤退」路線――もちろんそれは、一九七五年四月三〇日、サイゴンのアメリカ大使館で剝き出しになった悲惨な光景とボートピープルをもたらし、マイケル・チミノの傑作《ディア・ハンター》を残したのですが――から出てきた戦後の東アジア構想‐秩序の背後で蠢いていたアメリカの反共的な開発論における大いなる旋回軸の反映でしたし、これはまたすでに、東アジアでアメリカが戦後に手掛けた最後の土地改革――日本の農地改革のことです――を廻って敗戦と戦後革命の頓挫という二つの「敗北」を「アメリカ人」が期待する態《てい》で「抱きしめた」とされるいわゆる望ましき「日本人（像）」なるものが歩んできた途に刻まれた痛苦の道標の一つだったということです。

　つまり〈Empowerment〉と〈Feminisation〉は、それを唆す作用因の尊大さにおいて、ホモソシアルに密通していて、これがまた、「スピヴァク」が「フーコー」や「ドゥルーズ」などに象徴された西欧‐男性にとった「距離」の意味であり、それがさらに翻って、分析対象《フーコー》を「読む」ことに関わって、あるいはむしろ「読む」ことに「抵抗」することに関わって、デリダの『グラマトロジー』の改訳とそれに新たに付された「バトラー」の「序論」が醸した論点にもじつは関わるという具合になっているのです。ここではことさらにこれら三つの固有名にルビを振ることはしませんが、「スピヴァク」と「バトラー」には、ちょっかいを出した「ベニントン」によって、何となく引用符が付けられていると邪推するのは僕だけでしょうか。

ともあれこれをさらにファウスト的に地をドンドンと踏んで下降的に溯れば、戦前における日本資本主義論争の暴力的中断と論争の「近代の超克」論への代補的――このデリダ的ジャーゴンを想い出させてくれた三人の日本文学の若い研究者に感謝しますが――継受を傍目に観ながらシュンペーター主義者の東畑精一が、（アジア的）停滞に緊縛されている日本の農民を、鬱陶しいことに上から鼓舞《コブシ》激励的にディスるために造語した「単なる業主（mere entrepreneur）」なる否定辞とそこからの脱却、またその過程での冷戦下における反共の「自立的」堡塁の形成とアジア開発論における理想的な――つまり、左右を問わず「自分を予め高みに措いてそれ以外を語ることで自己と他者を語‐騙る輩」にとっては望ましい――経済主体論の待望が、東畑も主催者の一人だったアジア経済研究所やＪＩＣＡなどを通じてアジア諸国に輸出され、またこの造語が反響《リパーカッション》的にこの国の一部の層で大いに有り難がられたのです。

思い出してほしいのですが、ガリオア・エロア資金に端を発してフルブライト交流計画に至る留学制度を利用したどれだけ多くの戦後「知識人」がこの敗戦国から旅に出て、抱きしめて帰国し、さまざまな某《なにがし》になったことでしょう！　愚かにも僕はフルブライトに応募したことがあるのですが、〈farmer〉と〈peasant〉の使い分けを廻って面接員と紛糾し、二度とこないでくれと断られたのですが。

とまれここでもう少し半ば個人的な迂回をしますが、七〇年代の血塗れの惨状に呆然とし、七〇年代中後期になって聡いほぼ同世代の人々が雑誌などでぼちぼち喋り始めた当時の言論状況も含めて、バブルの先走りにいまさら乗ることもできず、地方の国立大学で八〇年代末に海外遊学させてもらったりしながら万年助手を結構のんびり楽しませてもらっていた僕は、それでもそんなダルイ日常にも嫌気がさし、気を入れ直して、九〇年代中期にイェール大学でジェームズ・スコットが主催している農業研究プログラム Program in Agrarian Studies にしばらく寄食したことがありました。そこで僕は、一宿一飯の恩義を返すために、フーコーとデリダを使った日本農民論を報告して目一杯嫌われたのですが、それはともかく、その目的は、指示文献としては的外れですが、講義録『処罰社会』の末尾でアルクールも言及しているE・P・トムソンのモラル・エコノミー論を意識しながらアジアの農民を研究対象としていた——今では必当然的にもアナキストを自称するようになっていますし、グレーバーも含めて人類学者の左派は対象《アナキズム》への回帰を果たして安堵することが多いのですが——スコットの議論（*The Moral Economy of the Peasant*）が、その主要敵としていた国務省系列のサミュエル・ポプキンの『合理的農民 *The Rational Peasant*』とそこに密かに埋設されていたアジアにおけるアメリカ的な秩序構想、そしてそれに伴う反共の「自立《エンパワーメント》」的経済主体としての農民の形成という政治戦略に対して、どのように対抗しようとしているのかを知りたかったからです。

冷戦と〈六八年〉の敗北

長原　なぜこんな廻り道《エピソード》をするのか。こうした背景からさきほどの議論を措き直したいからです。つまり、七〇年代以降のフーコーを、気恥ずかしい言葉を使えば、学術的に論ずるには、むしろ冷戦と〈六八年〉の敗北という政治的側面がキーになるからです。つまり、分析者《アナリスト》と分析対象《アナリザン》が月並みにも例の〈Folie à deux〉に陥って他者《たいしょう》そのものを失わないためにも、「他者を語ることで自己の他者性を語る者」として時代そのものであるほかなかった我が分析対象《フーコー》から、それがゆえに、身を僅かに引き剥がし、集成《アルシーヴ》－集成《コーピュス》としての身体《コール》としてのフーコーを冷徹に、下衆に言い換えれば、真猫《しんねこ》になることに抗して、読む必要があるのです。

実際、バトラーとブラウンは互いにそのように斯界を牽引していますが、そうしないと、六〇年代からすでに教育や福祉のエンパワーメント的なことにたびたび理論的な介入を行っていたシュルツなどが、農業経済学や開発論そして教育経済学において、彼らのいわゆる惨めで「遅れた存在《アジア》」――「アジア」とルビを振った「存在」には多様なルビを振ることができるはずです――をお節介にも自立させてあげる的な近代化論を展開するに当たって全面開花させたそのウザい政治性に、フーコーにとってはとてもとても傍迷惑な話でしょうが、まさにネオリベの評価に関わって毀誉褒貶あるフーコーの岡惚れ的読解を通じて、足を掬われかねないからです。またマルクス主義者を自称する者はすでに、その弊をいやというほど、知っていなければならないはずです。

ともあれ七〇年代に日本農業が衰退するなかで新たな食い扶持（科研費やポスト）を求めて開発経済や、近年も意匠－衣装を替えて再登場している「環境《じんるぃ》」などにその対象をシフトさせ始めた農業経済ガクシャさんの道行《ワタリ》きを舌打ちしながら傍観していた僕は、だからこそ、シンドイ七〇年代中後期には、すでに、マルクスやシュンペーターは当然ですが、シュルツなどの人的資本論の先駆けを集中的に読んでいました。ですから、ベッカーのことも比較的早く知っていましたし、その後二一世紀になって稲葉振一郎さんのようなお仕事が出てきたときには、何をいまさら、と鼻白みました。そんな僕が感じ取った彼らの核心は、じつはこれはベッカー的には五〇年代末にはすでにその意図において完成をみていた「差別の経済学」の真裏なのですが、「労賃」と「収入」を等値するための理論的玩具《ガジェット》を採掘するそのミエミエの政治性です。実際、〈六八年〉後のボールズ＝ギンタスなどの自称異端派はその左派的反響《リパーカッション》として登場したわけですが、ともあれそうした、じつはマルクスを裏焼きしたに過ぎないパチモンに、僕はどうにも我慢ならなかったのです。というのも、これは明らかに理論における政治的退行なのです。

ですから「労働者も単なる労働力（商品）ではなく経済主体としての側面もある」といったシュルツのような理論的立場への中井さんの「寸鉄人《ダガー》を刺す」的批判は、じつは、否定しえない事的事態を冷徹に描いていると、僕は思うわけです。なぜなら主体なるものは、たとえ革命を標榜する自称革命家といえども、そのようにしか形成されないからです。ファシストもそうです。フーコーもそうした主体なるものの塑性変形性を論じているのです。いまだブレヒトに凭れるほかない問題がここには残っているのです。まただからこそ、フーコーの人間はいつも波打ち際に危うくおかれる形相なのです。

こうしたいわば物象化の相貌は、まさに相貌という限りで、まったく瑕疵がない平滑的な表層にみえるわけですが、まさにそのこと自体が、フーコーを批判－抵抗的に読解するに当たって瀬踏みしながらあえて囚われてみなければならない罠なのです。というのも、この「経済主体」は、ギグ・ワークさえ厭わず、喜んで「自己」を刻苦勉励的に搾取する存在として「自立」において隷従することで「自己」を他者において再生産し、またその結果、社会なるものがその統計的総計《アグリゲーション》に貶められて再生産されるという、安上がりの生経済を主体的かつ自立的に担うからです。居酒屋で叫ばれる〈喜んで！〉といった掛け声やその雇われ店長－事（自）業主のように。またこれこそ東畑の「単なる業主」という否定辞が活写した事態そのものであり、皮肉なことにこれがふたたび、ネオリベが時代錯誤《アナ・クロニズム》において作用することの肝であって、これが生政治と呼ばれている当のものなのです。またであればこそ、フーコーの講義手控えの集成《アルシーブ》は、僕たちにその批判的読解を搦め手から可能にしてくれるのです。

ですから『フーコー研究』に拙稿を寄稿するに当たって僕は、さきに触れた二冊の共著のためのマルクスについてのノートの続編として、フーコーについての厖大なノートを作成し、両者をパズルのように戦略的に組み替え、再編制しました。皆さんも感じてらっしゃると思う彼の『講義録』に共通する特徴ですが、フーコーは、一見するに価値中立《ヴェルトフライハイト》的な抜粋あるいは引用の集成《アルシーブ》という体裁のもと、しかもその解釈における正否を宙吊りにしたまま、繰り返しシュルツなどの議論に言及しましたが、このいわばデリダ的戦略である「引用符《ギュメ》」抜きの「引用」空間で提示された彼らの経済理論的枢要は、マルクスが存命中に刊行した『資本論』第一巻の第七篇第二四章――いわゆる本源的蓄積論――とエンゲルスがマルクスの死後に纏めた『資本論』第三巻第七篇（諸収入とそれらの源泉）――〈資本－利潤（企業者利得＋利子）、土地（所有）－地代、労働（力所有）－労賃〉という例の三位一体的範式――の短絡《ショート・サーキット》にあります。そこでは、労賃とは収入－何ものかから還り来たるモノ（revenu）であるという、「物の怪」が徘徊しているのです。したがってそれはまた、『資本論』第二巻で劃定された再生産論をその静態において補強する根拠を永遠の現在《いま》として提供しているのです。

ここでは深入りしませんが、人間は労働（能《デュナミス》）力あるいはその身体を資産として所有することを強いられることで統計数値《センサス》としての「人頭の群れ《キャピタ》」になり、その裏面で人間は、幸運であれば、軽く神経症に罹るわけですが、しかしこれは、宇野弘蔵的な意味での単なる労働力商品化の無理といった予め通ることになっている、いわば為にする無理などではもはやありません。ここではむしろ、その完成態である労働力の証券化 securitisation あるいは資産化 assetisation が、存在論的に問題となっているのです。それは疎外や受苦などを感傷的に論ずる人間主義的地平などから遠く隔たった、モノとして働く可変資本《ゾンビ》だけがその自己の再生産を許される、象限なのです。したがって、収入と見なされた労賃を利子率で資本還元すれば人間の資産としての価値を評価できる、あるいはむしろその市場価格を表示できるようにしてくれるこの三位一体の範式は、その円環を閉じるために最後に登場する労賃の収入への読み替え装置によって、ついに完成する、あるいは閉じるのです。またこれが、マルクスが「荒唐無稽なドグマ」と呼んだアダム・スミスの価値構成説の多幸的現代版であり、この視点からこそ、フーコーがスミスよりリカードを高く評価した意味をより深く考えねばなりません。つまりこの三位一体の範式とエンゲルスが『資本論』第三巻の掉尾に尤もらしく取って付けた「諸階級」（第五二章）との間には、エンゲルスの意図をも吹き飛ばす、そしてリカードとマルクスとの懸隔以上に深い、いわば縫合不能な裂開が、まさに中井さん的意味における主体の政治的飛躍《リープ》の問題として、横たわっているのです。

フーコーはどのような「マルクス」主義者になったのか

長原　そこでは、マルクス＝ヴェーバーといった（小）市民社会派的な「井の中の蛙」や、高橋幸八郎しか噛めなかった「移行論争」などといった小林旭的な昔の名前が問題となっているのではありません。資本の論理の事後において、三位一体の範式に予め一体のものとして顛倒的に組み込まれた、あるいは外挿された、「例外的」一撃《クー》である「いわゆる本源的蓄積」を、『哲学とは何か』の著者が引いたブランショの一文「《外》としての内奥 l'intimité comme Dehors、息詰まる貫入へと生成した外部、両者の相互反転」を、つまり彼らが引かなかった「疎隔の目眩 le vertige de l'espacement」を、グローバル資本主義のもとでまったく新たに再検討することが、早くとも初期のロバート・ブレナー以降から続き、いまも世界的レベルで進行しているのです。そして僕は、その流れのなかでフーコーを批判－抵抗的に論じましたし、欧米の僕の仲間たちもいま、そのようにフーコーとマルクスを比定しています。

そうした現代のマルクス派にとっては、ですから、〈六八年〉後のフーコーがマルクス主義者だったことなどもはやアタリ前田のクラッカーなのです。まただからこそ、多くのマルクス派がフーコーをさまざまに論じてきたのです。僕も、近々公表することになっている“Becoming Fictitious Capital: The Cunning Path from Violent Genesis to Holy Trinity”という論考で、そうした問題をふたたびフーコーを脚注に落として論ずることにしていますし、法政大学大原社会問題研究所の叢書として刊行する予定の『「日本資本主義論争」の現在』（仮題）でもその具体相をポスコロ派によって近代主義者になった丸山眞男のアンビヴァレントなヤバさやドゥルーズ＝ガタリとともに層序論的に議論していますが、「移行論争」を突き抜けたこうした「いわゆる本源的蓄積論」からするフーコーのマルクス的再検討、つまりフーコーがどのように「マルクス」を捉えたうえで、どのような「マルクス」主義者になったのかが、フーコーはマルクス主義者だったと言ってみせることなどよりも、なんぼか重要なのです。

　中井さんの思惟喚起的な発言に託けて僕が言いたいことは、以上です。

最初期から最晩年まで一貫していた「方法」

廣瀬　私の論文の主旨は、フーコーの統治性論が、誰にとってよりもまず、フーコー自身にとって、他人のすでに言っていたことを繰り返すだけのつまらないものに終わってしまったというものです。ここでは、論文での議論を繰り返すことはせず、重田さんのコメント内に質問としてあった要素についてのみ、論じておきたいと思います。

　重田さんからの私たち執筆者への質問は二つありました。一つは、「本書が全体としてどのようなフーコー像を示そうとしているのか」について執筆者一人ひとりがどのように考えているのかという質問であり、もう一つは、論集に「『言葉と物』への言及が少ない」のは何らかのことが「研究班で意識され」ていたからなのかという質問です。

まず、後者について答えます。私たちの共同研究では、確かに、『言葉と物』が対象とされることはほとんどありませんでした。重田さんは、まさに同書を中心的対象として「一九八〇年代から一九九〇年代前半に日本でフーコーについて議論されていたこと」について、そのうちの「どれほどのものが現在まで残っている〔の〕か」と問われていますが、私たち班員間で共有されていたのは、すべてが「現在まで残っている」という認識だったように思います。

蓮實重彦と渡辺守章とを編者として九三年に刊行された『ミシェル・フーコーの世紀』（筑摩書房）が、『フーコー研究』に先立って日本（語）で刊行された唯一の同規模のフーコー論集です（より小規模なものとしては、芹沢一也・高桑和巳編『フーコーの後で――統治性、セキュリティ、闘争』〈慶應義塾大学出版会、二〇〇七年〉などがあります）。

京大人文研での共同研究として組織された私たちの研究班には、東大表象文化論の人々を軸に展開された『言葉と物』読解のすべてが「現在まで残っている」という認識が班結成当初からあったため、重田さんの仰る通り、論集も、「六〇年前後の話題、また七〇年代後半以降の統治性やパレーシアの問題〔への〕重心〔の〕シフト」をその「特徴」とするものになりました。私自身も、『シネマの大義』（フィルムアート社、二〇一七年）所収「フーコー／イーストウッド――無理な芝居の一撃」などで『言葉と物』の読解（より精確には「批評」）を試みてきましたが、今回の共同研究では同書を中心的対象としては扱いませんでした。

いずれにせよ、『ミシェル・フーコーの世紀』と『フーコー研究』との間の距離については、東大表象文化論から本合評会に評者として参加して下さっている森元さんが、然るべき仕方で計測されるのではないかと期待しています。

重田さんの第一の質問は一つの前提に基づいて立てられています。「本書が全体としてどのようなフーコー像を示そうとしているのか」という問いは、「〔本書は〕フーコーという思想家の全体像をどう捉え〔てい〕る〔の〕か」とも言い換えられています。この換言を重田さんに許しているのは、『フーコー研究』が「一冊で一人の思想家の全体を扱うような著作」である以上、そこでは思想家〔フーコー〕について一つの「全体像」が示されることになるはずだという重田さん自身による前提です。この前提についてコメントを返すことで、重田さんの質問に答えたいと思います。

『フーコー研究』にはフーコーの一つの「全体像」が示されていると思います。ただし、一つひとつの論文をその部分とする論集の全体においてはじめてそれが示されているわけではありません。すべての論文が一つの同じ「全体像」を共有し、各々がそれぞれそれを反復しています。重田さん自身は、フーコーの思索のクロノロジカルな展開に「前のものを乗り越えて次に行くというよりは、別の角度から、別の方法で前に取り上げた事柄と関係する問題を浮かび上がらせていく」という「過程」を見出し、そこに同哲学者の「全体像」把握のための糸口を探られていますが、私たちの論集内で共有され反復されている「全体像」は、それと同じものではありません。

『フーコー研究』所収のすべての論文から繰り返し浮かび上がるのは、つねに同じ「方法」を用いて（あるいは、つねに同じ「角度」から）時々に異なる「事柄」を論じるフーコーの姿です。『フーコー研究』全体を通じて示されているのは、最初期から最晩年まで一貫してフーコーの「方法」（あるいは、それを導く「角度」）が不変だったということです。私自身の論文では、その「方法」を「シニスム」と名付け、フーコーがその同じ「方法」をベンサムにも読み取っていたことを論じました（なぜ重田さんは、私たちに向けて「フーコーと新自由主義について論じるためには、まずベンサム論をやらなければならないと考えています」と仰り、私たちの論集には未だ「ベンサム論」が欠けているとの見解を示されたのでしょうか）。

いずれにせよ、京大人文研に集った私たちにとって、「フーコー」とは一つの「方法」の名に他ならず、「フーコー研究」とはその「方法」を明確化させ、その有効性（可能性と限界）を見定めることに他ならず、フーコーが最初期から有していたその「方法」あるいは「角度」こそが直ちに同哲学者の「全体像」だったのです。

立木　「フーコー」とは一つの「方法」の名であるというコメント、さすが廣瀬さんといいたくなる至言です。

前川真行さん、箱田徹さんはいかがでしょうか。

ウェーバー化するフーコー

前川　重田さんのお話は、全体として、頷くところが多かったです。今回、私自身、書き始める前には、考えてもいませんでしたが、フーコーの論じたイギリスに多少付き合うことになりました。フーコーは『生政治の誕生』のなかで、イギリスに、つまり自由主義に思いのほか近づいています。そしてそのことについては、多くの研究があり、私も今回そのことの意味を自分なりに考えてみました。

ただ、自分で書いたものについて無責任で申し訳ないのですが、その結論についてはいまだに釈然としないところがあります。当初気になっていた点、その後のフーコー自身の研究の転回にかかわる問題ですが、ウェーバー化するフーコーとでも言えるような傾向は、多くの研究者が指摘するように、やはり論文で扱った七〇年代後半のテクストにいくつか確認することができました。もちろん、いろいろ詰めなければならないことは多いですが、あまり意外なものはありませんでした。しかしカントとともにある、自由主義との関係は、相変わらず釈然としないままです。

そうした分類にどれほどの意味があるのかという問題はありますが、しかし強いて分類するならば、自由主義的としか言いようのない立場にフーコーはたどり着いている、少なくとも、私たちの時代の乗り越え不可能な哲学として自由主義なるものがある、そのような立場にたどり着いているようにみえます。ただし、奇妙なことにそうした分析をほとんど放棄、あるいは迂回するようなしかたで、結論だけを提示するという呈で。しかもそれは、今となってはごくごく穏当なものです。

あるベンサム研究者の方がフーコーのベンサムについて、フーコーはその「意図」をただしく理解するつもりがないのだろうという感想をどこかで述べていました。私も似たような印象を持ちました。そこにいるのが、ベンサムだったのかどうか、ほんとうによくわからない。

もともと私は『安全、領土、人口』を、文字通り「お勉強」の友として読んできました。それを可能にしてくれる講義だったとも思いますし、多くの研究者（の卵）がそうしたのではないでしょうか。ただ、『生政治の誕生』については、フーコーがミクロ経済学の初歩を大真面目に解説しているのを、なにをやっているんだと笑いながら読みつつ、しかし「なかば破綻」していると論文でも書いたとおり、全体としては困惑するしかない講義だったと思います。

今回はその困惑、あるいは破綻の印象を解消するつもりで論文を書き始めましたし、できると思っていましたが、いまは当初思い描いていたものとは違う方向に進んでしまったなという感想をもっています。フーコーがあそこで述べていたことは、いまとなっては、ごくごく穏当なものだったことがわかったという意味では目的を達したわけですが。ただ、やはり釈然としません。

あと個人的に多少の反省を込めていうと、この論集の中で廣瀬さんが、「交換から競争へ」というフーコーのテーゼを真正面から受け取って、その通り読んだらどうなるのかを論じています。いちおうは経済学部というようなところにいたりはしたので、経済学のことは多少は分かっているという根拠のない思い込みもあって、私はこのテーゼを頭ごなしに却下していました。が、自身の論文を書いたあとで、この論文を読み直して、こういうおかしなことにもう少し付き合ってみるべきだったのではないかと考えています。

私自身、ふたつのネオリベラリズムの同一視という、オーソドックスな経済史からすれば、やはり正当化できない、おかしな整理には付き合ってみたのですから。フーコーの考えようとしたことは、その可能性は、そうした部分にしかないのかもしれません。自分自身のいままでのやり方ではダメかもしれないなあと思いはじめています。

いずれにせよ、「フーコーの七〇年代」という私の論文の副題は、あきらかに羊頭狗肉ですので、もっとも「社会（科）学」的であった七〇年代の彼の仕事について、もう少しだけ付き合おうと思っています。もう少しフーコーを読むということが必要なのかもしれないと思いはじめているのですが、それはこの研究会なしにはありえませんでした。その点では、この研究会と、この研究会を組織した人びと、そしてこの奇妙な書物に感謝しているところです。

フーコーが主流派経済学に注目した大きな理由

箱田　重田さんがおっしゃったフーコーと経済学史との関係は、私も『フーコーの闘争』（慶應義塾大学出版会、二〇一三年）を書いたときに考えました。学史との関係で言えば、経済学部の授業でも扱うと思うのですが、近代経済学はその時々の自然科学を「模倣」することでみずからを「科学」として主張しようとしてきた歴史がありますよね（例えばフィリップ・ミノウスキーの一連の批判的研究を参照）。

それはさておき、フーコーが主流派経済学に注目した大きな理由の一つは、ミクロ的な視点から「行動についての学」を標榜したことにあると思います。この点は統治性講義でも論じられています。フーコーが引くのは「経済学とは、目的と選択的用途を備えた、希少手段との関係のあり方として、人間行動を研究する科学である」というライオネル・ロビンズの定義です（『経済学の本質と意義』一九三二年を参照）。ここからシカゴ学派の新古典派経済学まで一気通貫だとすることが経済学史的に「正しい」かどうかは私にはわかりませんが、少なくともフーコーの統治性論からすれば、行動のコントロールとサーベイランスという観点から二〇世紀の近代経済学のある部分は生政治的な統治の学に至るのだと言うことはできるでしょう。

私が担当した箇所では、前半部で以前に書いたものを一部使ったので、酒井隆史さんが『自由論』文庫版（日本語で書かれたフーコー研究、とくに統治性論については「古典」と言ってよい）に収録された論文でお書きになっていることともかぶっていて恐縮なのですが、新自由主義とフーコーについての最近の議論を多少なりとも整理しました。多くの議論が、フーコーがベッカーに賛成か反対かといったざっくりとした話になったり、はたまた当時は左翼による福祉国家＝管理社会批判があったという常識がきれいに忘れ去られていて、国家を批判するからネオリベだという雑な話になる傾向があるのは残念なことです。

また同時代史的には、新哲学派や第二左翼との距離についても冷静になって捉える必要があることは、本論で書いたとおりです。中盤以降では、フーコーが統治性論から自己の統治や自己のテクノロジーへと関心をシフトさせる一九七〇年代末の講義『生者の統治』で何度か口にしたanarchéologie（訳本とは異なり「アナーキーな考古学」と訳してみました）を考察することで、この言葉が自己の統治と他者の統治という二つの概念をブリッジするような働きをしているのではないか、という観点から議論を行いました。一九七〇年代末から八〇年代前半の議論の「転回」と内戦や対抗導きといった「政治的」概念とのかかわりについては、また別の機会にしっかりと考えてみるつもりです。

なお、ウェンディ・ブラウンについて重田さんは批判的に受け止められておられます（ちなみにブラウンは統治性講義の複数箇所をまとめて引用するようなやり方をしていて参照先がわかりにくいですが、以前に確認した範囲では、フーコーにないことを言わせてはいません）。私はブラウンとは考え方は違いますが、議論としてはあっても全然よいと思います。むしろ米国のコンテクストに即したスタンダードな受容だと受け止めています。このレベルでの議論が日本でもっと積極的に行われるべきだと感じています。

今回、中井さんの論文がマリア・ミースを引かれていたことは印象的でした。というのは、来日招聘時にフーコー班でも話してもらったサンドロ・メッザードラ（講演原稿は『ミシェル・フーコー「コレージュ・ド・フランス講義録を読む」』に所収）とも親交があり、いま注目のアルゼンチンの思想家・活動家のベロニカ・ガーゴの『思想』（二〇二一年二月号）掲載論文が、まさにマリア・ミースから始まっているからです。私が北川眞也さん（三重大学）と原口剛さん（神戸大学）と組んだ『思想』の特集のタイトルは「採掘－採取ロジスティクス――批判地理学の最前線」です（メッザードラと廣瀬純さんの論考も収録されており、手に取っていただければ嬉しいです）。フーコーの統治性、生政治、戦争、内戦といった一連の概念装置を現代資本主義分析と接続し、インターセクショナルな戦線を開いていこうとする試みへの共振がここにはあるように感じ、とても勇気づけられました。

立木　ここで重田さんにお話をお返ししたいのですが、いかがでしょうか。

重田　みなさんがいろいろな背景や意図をもって論じられていたことがうかがえて、とても刺激的でした。市田さんがフーコーを使うのではなく読む方に向かったとおっしゃいました。フーコーという思想家の魅力、京大の人文研の伝統がうまく作用してそうなったのではないかと思います。そのことが、この論集をとても読み応えのあるものにしていると感じます。

フーコーの新自由主義論は、いろいろと変なところがありますが、彼自身は意識的に範囲を限定して論じています。そこを論者が広げるとき、その広げ方がうまくいかないとしても、それをフーコーのせいにするのはおかしいと思います。先ほど廣瀬さんが、フーコーは統治性の概念が嫌になってやめたという趣旨のことをおっしゃいましたが、それにならって言えば、フーコーは新自由主義論を嫌になってやめたと私は思います。ベッカーなどを読んでいると私も気分が悪くなることがあります。フーコーもおそらくそうで、もう少し心が癒されること、想像力がかき立てられることをしようと思って古代の研究に向かったのではないかと推測しています。

ベンサム研究者からすれば、フーコーの読み方が雑だったり強引だったりと、思うところはあるかもしれません。しかしベンサムは、フーコーの新自由主義論のアイディアがどこから来ているかをちゃんと知りたければ、やはり読む必要がある思想家だと思います。

立木　ありがとうございます。休憩の後、後半の第二部は、森元庸介さんのコメントからはじめます。

第二部　パレーシア・生と死と文学・主体／精神分析

のではないかと恐れます。

「なんでも語ること／忌憚なく語ること」から「真理を語ること」へ

森元　重田さんの緻密な発表と踏み込んだ議論のあとで、レベルをずいぶん引き下げてしまうのではないかと恐れます。

今回、冒頭から順に通読するという愚直なやりかたを取りましたが、結果として、さまざまな照応関係を感じることになりました。あちらこちらでテーマが重なるのは当然として、複数の論者がフーコーから同じ箇所を引用し、けれども、むろん異なる角度から分析しているというケースが随所に見つかります。論文集というものは、どうしたって拡散的な印象を与えるというのが常態だと思いますが、この『フーコー研究』は、議論の濃密だったであろうことを強く感じさせる。

柴田秀樹さんの論文が、フーコーのもっとも「趣味的」な書物かもしれないルーセル論を扱いながらその円環的な構造を指摘しています。もしかしたらこの論集にも同じことがいえるかもしれません。全体がただひとつの円環に収斂するというはずもありませんが、しかし、目に飛び込む大きな円環はたしかにあり、それはパレーシアという概念をめぐるものです。そのことはまた、論集のもとになった研究会がフーコーの講義録の刊行完了を承けて始まったという事情を端的なしかたで反映しているでしょう。八〇年代、著作ではなく講義において集中的に論じられたこの概念が、論集ではたぶんもっとも頻繁に言及されています。目次のうえで「パレーシア」の語が出るのは最後の第Ⅶ部ですが、小泉義之さんの巻頭論文をはじめ、全体では四〇〇ほどの言及箇所があります。加えて、この企画の案内文にも、コメンテーターによる「忌憚のない論評」云々と記されていますから、書物の外にまで波及している。

重田さんも確認されたとおり、パレーシアは語源的には「なんでも語ること」、「腹蔵なく、忌憚なく語ること」といった意味のギリシア語です。ただ、フーコーはこれを「真理を語ること」というように、微妙だけれど明らかな捻りを加えながら提示していて、その是非も問題になるでしょう。ただ、そもそもフーコーの「真理」概念それ自体がいくらか独特なのかもしれません。それについてはすぐあとで触れるとして、このパレーシア概念をめぐって、本論集がフーコーとともに、ある独特の系譜を浮上させていることを指摘しておきます。まず、古代ギリシアのディオゲネスを代表とするキュニコス派から、それを近代において反復・継承した存在としてのボードレールへと線が引かれる。佐藤淳二さん、武田宙也さんが強調するとおりです。さらにその先にフーコーそのひとがいることを、千葉雅也さんの論文が「生き様」としてのパレーシアという言い方で指し示しています。

極端にいえば、TPOをわきまえず、なんでもかんでも言ってしまう、あるいはTPOをわきまえすぎて言ってはいけない決定的なことを言ってしまう――パレーシアがそのようなものだとすれば、ボードレール、そしてボードレールとは異なるしかたでフーコー自身となじむところがあるのは確かなのでしょう。また、「狂い咲く、フーコー」という今日の会のタイトルに引き寄せるなら、漢語圏でいう「狂」、あるいは「佯狂」――あえて狂ったように装う――という態度に響きあうはずです。「狂」とは、些事にこだわらない気持ちの大きさなのでもある。

パレーシアの核心にあるもの

森元　ただ、この論集が教えてくれるのは、キュニコス派とボードレールのあいだ、その蝶番の位置にカントがいるということです。坂部恵『理性の不安』を思い起こすまでもなく、カントの哲学と「狂い」の問題は裏表であるのかもしれませんが、しかし、TPOをわきまえないカントというのはどうしても考えにくい。そのかれをパレーシアの系譜に位置づけるというのはやはり意想外のことです。けれども、この論集を読んでいると納得させられてしまう。全体をつうじて、パレーシアとカント的啓蒙のあいだに一種の並行関係が確証されてゆくような――もちろん事後的にではあれ、そのように読める――ところがあるからです。

パレーシアの側については、「何でも言うこと」の「何でも」（の内容）より、その「何でも」

を「言う」ありようへの関係が問題です。佐藤淳二さんがいうところの「態度」、それが千葉さんの論文では「生き様」、布施哲さんの論文では「風狂」（「せめて風狂であるために」）と少しずつ言い換えられています。もの言うひとは――布施さんの論文に表現を借りるなら――言われた内容の主体であるのではなく、言ったというその行為の主体になる。自分はたしかにそれを言ってしまったことを引き受け、そのためなら死をも恐れないのだとして、そもそも、なによりまず、言表内容でなく、言表行為そのものの主体になる、とはつまり、言う前と言った後で自分が違うものに変容するかもしれないことを恐れないことがパレーシアの核心を成します。フーコーはそれを端的に「真理（へ）の勇気」と定義したわけですが、これは独立したふたつの項ではなく、真理が勇気の函数になっていると考えるべきなのでしょう。

「自身の理性を用いる勇気」と「真理（へ）の勇気」

森元　啓蒙の側ではどうなっているのでしょうか。カントの「啓蒙とは何か」について、「出立」（小泉論文）、「未成年状態からの離脱」（佐藤淳二論文）ということが強調されます。また、丹生谷貴志さんは、フーコーがエピグラムとしたルネ・シャールの詩節「ランプを消し、出立せよ」を引用します。「出立」とは何か。他者に導かれぬこと、理性を可能なかぎり公的に使用することです。そうして、カントは、ホラティウスの名高い「あえて知れ（sapere aude）」を引きつつ「自身の理性を用いる勇気（Mut）を持て」と述べていました。

この「自身の理性を用いる勇気」と「真理（へ）の勇気」の関係を考えるうえで、重田さんも指摘されたとおり、本論集でフーコーによるカント『人間学』の読解——かれの博士論文の副論文だったものです（『カントの人間学』（王寺賢太訳））——が重視されていることは意義深い。カントの『人間学』は、世界／世間／世俗（Welt）に住む人間が、実際のところどう生きているのかという、シンプルといえばこれほどシンプルなものはないような問いを扱っています。フーコーがこの問いとの連関で注目する言葉のひとつが「心（Gemüt）」です。これは、カント、とりわけ『人間学』において、かなり特殊な定義を与えられている。人間は経験的な現実のうちで錯誤を連鎖させてゆくほかない存在であるけれども、その錯誤とともに、たえず変容する運動体として生きているのであり、極論すると、この変容する、つまり生きる運動体そのものをカントは「心」と名指しているようなところがあるのです。

先に触れた「勇気」に関連づけると、フランス語では cœur（「心」）から courage（「勇気」）が派生するのに対し、ドイツ語では Mut（「勇気」）から Gemüt（「心」）が導かれます。ちょうど逆向きの方向にではあれ、ふたつの言語は「心」と「勇気」の密接な結びつきを示唆しています。単純化して「心」は「勇気」の座であり、「心」の働きが「勇気」なのだとしましょう。

そのような心を動かす――つまり生かす――原理とは何であるのか。カントはそれを「精神」であると言い、さらに、精神がどのようにして心に働きかけるのかといえば、「理念を通じて」なのだと言う。畢竟、「精神（Geist）」は、「理念を通じて心を生かしめる原理（belebende Prinzip）」である。そのようにして、「精神」と「勇気」は「心」を介して結ばれている。しかしまた、フランス語の esprit がそうであるようにドイツ語の Geist にも「霊」という意味があることを思えば、ここで、狭義の宗教を離れた、世俗における霊性（Spiritualität）――霊性論が究極には錯誤＝運動についての理論であるという意味で――と呼べるだろう次元が、カント『人間学』の読解から取り出されているのではないでしょうか。

以上のまとめはいかにも雑駁ですが、田中祐理子さん、また王寺賢太さんの論文がこうした経緯を緻密に跡づけています。その王寺さんは、以上の意味での世俗哲学をカント＝フーコーにおける「ツァラトゥストラの没落」の始まりと呼び直して論を閉じます。この論文は第Ⅳ部の終わりに位置し、そこで、哲学者がひとの生きてある現実、すなわち世俗との関係に入るのかがいかにしてであったかということが告げられている。すると続く第Ⅴ部で、とりわけて（新）自由主義と格闘する――と同時に、もしかしたらそれに魅惑されていたかもしれない――フーコーの姿が描き出されてゆくのです。このあたりはまさしく劇的な展開で、気分が高揚しました。論集というのはもちろん好きなところから読んでかまわないのでしょうが、通読して得られる恩恵もあるわけです。これから読む方に向けて、ひとつの提案です。

主体の問題と精神分析

森元　さて、本論集の円環的な側面、連結する部分に焦点を当ててきましたが、いくつかの分水嶺についても話さなければなりません。それらについてわたくし自身が何かを考えているというより、論者のみなさんの相互的なコメントのきっかけになればよいと願っています。

そもそも、パレーシアの受け取りかたにも陰翳があります。第Ⅶ部の少なくとも三つの論文はパレーシアの危うさ、あるいは権力との関係を含めたその政治的性格に触れている。堀尾耕一さんは古典学の立場からフーコーによるパレーシア解釈を批判的に検証しつつ、さらに踏み込んで、かれの考えるパレーシアが、民主制よりはむしろ君主制と親和性が高いこと――フーコー自身がそれを示唆してもいますが（『自己と他者の統治』講義）――を結論します。

布施さんは「異教」の哲学に由来するパレーシアが、キリスト教的な真理体制へつながってゆく、そうして抑圧的なものに転化してゆくかもしれない通路を指摘し、市田良彦さんの論文では、パレーシアこそが「権力－知」の純粋形態そのものになることもあるのでないか、という問いが提出されているように思われます。「何でも言うこと」の「何でも」に傾きがともなわないわけではなく、そのことをどのように——単なる矯正や抑制とはちがうしかたで——考えればよいのか。

ついで、主体の問題、そして精神分析との関係について触れます。先に見たとおり、本論集で考えられている啓蒙は、他者に導かれぬこと、つまり主体が自立することを最重要の契機としていますが、精神分析のことを考えるなら、そもそも「自立した主体」ということに疑問符がつくのではないでしょうか。

学会誌『表象』の第一一号（二〇一七年）が「ポスト精神分析的主体の表象」を特集し、今回の執筆者からは小泉さん、千葉さん、柵瀬宏平さんが座談会に参加しています。そこで小泉さんは、フーコー的な主体も精神分析的な主体も現状では死滅していると言っている。対して本論集のもうひとりの編者である立木康介さんは、フーコーが精神分析への批判的態度を強めてゆく過程を追いつつ、かなり困難なディフェンスを引き受けています。「主体の分裂」を措定し、だからそれを管理のもとに置くというキリスト教的な主体表象のあり方を、精神分析が引き継いだのではないかという懸念に対し、「分裂」がなければそもそも精神分析は成り立たないのだと応じている。自存する主体として孤立するのか、それとも他者との関係、とりもなおさずシニフィアン連鎖に身を投じるのか、端的に「存在」か「意味」かという分岐があるとして、後者を取るのでなければ精神分析はそもそもない。

この分岐については柵瀬さんもまた精密に指摘するところです。精神分析とフーコーの相容れなさというものが見える気もしますが、そのような単純な理解でよいか、うかがいたいところです。

主体の生と死をめぐって

森元　主体に関して別の観点から見るなら、藤田公二郎さんは、「現代思想」のクリシェと化したかもしれない「主体の死」の先で、主体を再考する必要があるのだと強く主張します。またそれは、わたしたちの「生存環境」、端的に生を注視するためであるのだと。一方では、さきほど触れたカント『人間学』読解の構図と重なるところがあるでしょう。他方、たとえば「始めから主体は死者だった」という命題――生だと思われているものは実は死である――を結語に置く松本潤一郎さんの論文を思うと、そこには強烈なコントラストがあります。

また、小泉さんの論文に立ち戻れば、その後半では、キュニコス派とストア＝エピクロス派が連結され、「死の訓練」としての生ということが強調されます。すでに死んでしまった「事後」（彼岸）の視点から「この生」（此岸）を見つめ、実際いま生きている生を別の、真の生とすること――これは、扱う文脈や対象は異なりますが、生と死の境の見極めがたさ、あるいはその反転のありようを論じる松本論文とも通じ合うように思う。

さらに、第Ⅴ部、第Ⅵ部では生／死と権力の関係が随所で問題になります。簡単に触れるだけとなりますが、たとえば廣瀬純さんの論文では、七〇年代後半に現れた統治性の概念が最終的には放棄されるとともに、「死を恐怖するのをやめること」という主題が浮上してくると指摘され、やはり小泉論文との交点を考えるところです。

また、フーコーと中絶運動の関係を取り上げた相澤伸依さんには、わたくしが門外漢であるのを差し引いても、まったく思いがけないことを教わりました。フーコーのうちに再生産という主題は、まったく不在なのではないかもしれないけれど、極端に周縁的であるというようにだけ感じていましたが——だから悪いといっているのではまったくありません——、そのことを積極的なしかたで考える回路が示唆されています。

フーコーにとっての文学

森元　三点目、最後に、文学の問題に少し触れます。再び松本さんの論文からですけれども、そこでは生と死が表裏一体でありながら、やはり異なるものなのではあり、そのずれ、二重性から物語が始まるのだということが、田崎英明さん「死、ことば、まなざし」(『無能な者たちの共同体』）を経由して指摘されています。この指摘が、主体の問いに焦点を当てる第Ⅱ部と、明示的に文学を扱う第Ⅲ部の密かな橋渡しになっているのではないでしょうか。七〇年代以降、フーコーは文学から離れていくとよくいわれます。しかし、森本淳生さんの論文は晩年の複数の講義録を参照しながら、フーコーにとっての文学が、「非規範化の言説による実践」として、パレーシアとの接点において捉え直しているように見受けられます。

これに対し、上田和彦さんは文学が「失効」しているという可能性について重い問いを投げかけます。文学の文学たるゆえんをパレーシアに通ずるような侵犯的攪乱のうちに見出しうるのだとして、その侵犯すべき当の対象、この場合には規律権力そのものが失効させられた新自由主義体制のうちで、文学は有効であることができるのか。あるいはそれ以上に深刻かもしれないことがらとして、その体制のうちで済し崩し的に規律権力に取って代わっている「市民社会」の「良識」、無関心に対して、「文学はどうすればいいのか」。

論文中で引用されたブランショそのひとを思わせる語調とともに突きつけられる問いは、再帰的、円環的に本論集に向けられるかもしれません。「忌憚なく、腹蔵なく」、何でも思うがままに言ったり書いたりすることが、つまりパレーシアということが、これほど繰り返し論じられるのはどうしてなのか。パレーシアが、問題含みであるかもしれないにせよ、ある種の風通しのよさを感じさせるという、そのことを否む必要はないでしょう。でも、風通しのよさをあえて言わなければならないとしたら、それはどこか息苦しい。息苦しいからよくないのではもちろんなく、ただ、上田論文の問いかけるものが、現在形の問いとして切実であるゆえんを思います。

哲学者メネデモスの逸話

森元　結論のようなものはありませんし、求められてもいないはずです。小話を紹介して終えます。ディオゲネス・ラエスティオス『ギリシア哲学者列伝』第二巻第一七章に、メネデモスという哲学者が出てきます。メネデモスはいわゆるキュニコス派のひとではなく、それより後代、エレトリア派という、いまでは内実がよくわからなくなった学派のひとですが、たいへん口さがない、思ったことをなんでも言ってしまうタイプだったようです。そのかれがどこかの王様の宴会に呼ばれ、友人のアスクレピアデスと一緒に出かけます。ただ、アスクレピアデスは、メネデモスと一緒だとひどい目に遭いそうだと心配している。不安は的中し、メネデモスは宴席で王様に向けてひどく失礼な言辞を吐いて、ふたりとも殺されておかしくない窮地に陥る。そのとき、会場にいたある笛吹きが、（どんなことであったのか明言されていませんが）巧みに知恵を働かせて二人を帰らせてくれたというのです。

アスクレピアデスはメネデモスに言います。「きみのパレーシアのおかげでぼくも死にかけた」、だけど、「あの笛吹きの男の機転のおかげで助かったね」。その笛吹きの機転は、原語では「エウムーシアー」という言葉で表されています。「エウ」は「うまく」ということ、「ムーシア」は「ムーサ」や「ムシケー」と同根、つまり音楽や技芸一般に関係します。パレーシアにも助けがないわけではない。そして、その助けが技芸によってもたらされることもある。いくらか物思いを誘う魅惑的な逸話です。

ありがとうございました。

立木　森元さん、ありがとうございました。いろいろな論文でたどられている問題の多くを、まさに「エウムーシア」を効かせて拾い上げていただいたことで、この論集の全体像が浮かび上がってきます。論集一冊を読んだ気になるような見事な解説を頂戴しました。森元さんが何人もの方を挙げてくださったので、いまのご発表の流れを踏まえながら、執筆者に応答していただけたらと思います。

最初に、フーコーの『レーモン・ルーセル』の「円環」について言及されました。それについて書かれた柴田秀樹さん、いかがでしょうか。

例外的な本『レーモン・ルーセル』

柴田　ご発表くださり誠にありがとうございます。

森元先生に最初にご紹介いただいた通り、私はフーコーの『レーモン・ルーセル』を主題にしました。レーモン・ルーセルという特異な生涯を送った作家に捧げられた、フーコー唯一のモノグラフであるこの著作は、彼の全作品のなかでも唯一にして無二の立場を占めています。それはフーコー自身、晩年に行われたインタビューのなかで、この著作を「例外的な本」「私の隠れ家」そして「愛の物語」と呼び、ルーセル自身と『レーモン・ルーセル』に対して自身がもっている関係を「とても個人的なもの」と表現していることからも明らかです。

「例外的な本」というフーコーの発言に違わず、『レーモン・ルーセル』は彼の全作品のなかで、きわめて位置づけの難しいものとなっています。しかしその難しさに抗うかのように、『レーモン・ルーセル』については現在まで多くの先行研究が積み重ねられており、この著作で扱われている様々なテーマが、六〇年代フーコーの文学論や哲学的営為といかなる関係をもっているかという点については、活発な議論が行われてきました。こうした先行研究が極めて重要なものであることは疑うべくもありません。しかし、私は今回論文を書くに際して、次のような疑問を出発点としました。すなわち、これらの先行研究は『レーモン・ルーセル』が秘めている多くの謎を解明してくれているにも拘わらず、『レーモン・ルーセル』がフーコーにとってかくも「例外的」であり「個人的」なものであった理由は何なのかという、より根本的な謎については取り逃がしてしまっているのではないかという疑問です。

そのための方策として、論文では『レーモン・ルーセル』で扱われている「テーマ」という「内容」面についてはあえて捨象し、『レーモン・ルーセル』が「いかにして」書かれているかという「形式」面に注目することを選択しました。この選択は、前述した晩年のインタビューで、フーコーが『レーモン・ルーセル』には「エクリチュールへのアプローチ」において独自性があるのではないかという対話者の問いを肯定していることに由来しています。

論文第一節では、まず『レーモン・ルーセル』の「例外」的な性格を論じるために、この著作が複数の「円環」という形式のもとに構成された書物であるという仮説に立脚し、分析を行いました。そして第二節では、この著作の「個人」的な性格について、『レーモン・ルーセル』の最終章にあたる第八章「閉じ込められた太陽」を主たる分析対象としました。この章は二人の人物による「対話体」というスタイルで書かれており、その点においてやはり「円環」の形式を思わせます。

二人の対話者が描く円環

柴田　しかしおもしろいのは、この二人の対話者が描く円環が、森元先生も言及してくださったように、ただひとつの円環として収斂することなく、うまく閉じられることのないままに終わっていることです。すなわち、この章は一方の対話者による、次のような発言で唐突に幕を引かれているのです。「――それであなたは自分を正当化できたと信じているのですね、これだけのページをかけて……」ここで「自分を正当化できたと信じている」とされている人物、それは、この『レーモン・ルーセル』というテクストの著者である、フーコーその人にほかなりません。フーコーはその著作において、著者である「私」が露呈することを、つとめて避けています。その「私」がこの幕引きの言葉においては目立たない形ながらも姿を現しているのであり、その点に『レーモン・ルーセル』がもつ「個人」的な側面が見いだせるのではないかということを、第二節では主に論じました。

ただこの論文では、「内容」ではなく「形式」の観点から『レーモン・ルーセル』にアプローチするという方法がもっている限界のため、森元先生にご指摘いただいたような、フーコーの全体的なテーマとのつながりはそんなに論じることができませんでした。先生のお話を伺っていて、とりわけ興味深いと思ったのは生と死の問題です。たとえば、フーコーのレーモン・ルーセル論や文学論は、「主体の消滅」や「言語の自律的な空間」という二〇世紀の文学理論で頻出する議論に引きつけて語られることが多い。フーコー自身もそちらの方に話をリードしている面もある気がします。ただ、同時に、フーコーの文学論を読んでいておもしろいのは、たんに主体が消えるという話だけではなく、書くことや発話行為に、最終的には生きることと死ぬことがかかわってくるということです。

ルーセル論に限らず、ネルヴァルについての短いテクスト（『書くことの義務』一九六四年）でも、書くことは生と死が関わっていて、その作品がそのことを私たちに伝えてくれていると、フーコーははっきりと述べています。そうであるからには、私はフーコーのルーセル論をほかの著作と切り離して論じてしまいましたが、パレーシアの問題、フーコー全体の問題ともこの著作は最終的にはかかわってくるのだなということを感じました。

立木　その「パレーシア」論に入っていこうと思います。西洋古典学からフーコーのパレーシアについて論じている堀尾耕一さん、いかがでしょうか。

古典と向き合うフーコー

堀尾　重田さん、森元さん、コメントをありがとうございました。

パレーシアは、いまや晩年のフーコーを語るうえで最も重要なキーワードとなっている感がありますが、彼がこの言葉に与えている「真理を語ること」という意味と、古代的な文脈でのこの語の用法とのあいだには、見過ごしがたい違いがある。また、一連の「パレーシア論」においても議論の基礎となっているエウリピデス『イオン』をめぐる解釈、あるいはトゥキュディデスやプラトンの対話篇とくに『ゴルギアス』の扱いについては、言うなればフーコー一流の力業でもって議論が押し進められているという印象を持ちます。その違和感を、じっさいに古典文献と照らし合わせて検証するというのが今回の論文の趣旨といえます。

これは、ともすると身体を張って現代を生きた思想家に対する、古典学の側からのいわば揚げ足取りのように映ってしまうかもしれません。たしかに今回は、批判的なスタンスで割り切って書きました。この点については小泉さんから、フーコーの仕事には評価すべき部分とそうでない部分とがあって、後者についてはそろそろ成仏させてやる必要があるのだ、という明快な助言を頂戴し、背中を押してもらいました。

ですが私は、フーコーの古典に向き合う姿勢を大いにリスペクトしています。東アジアの島国で西洋古典をやって何になるのか、絶えずそう自問自答してきた者にとって、彼の「パレーシア論」はじつに新鮮でした。現代を生きるうえで古典文献が大きな意味を持ちうるということを、フーコーは一連の講義で見事に、力強く証明しています。逆に、たとえば古代哲学を専門とする神崎繁さんは、フーコーからいろいろなインスピレーションを受けてご自分の仕事をなさっていたと思います。古典はこういうふうに読まれてよいのだ。古典はこれほど面白いのだ。こうした何より大切なことを、フーコーはわれわれに教えてくれます。まずはそこを強調させていただきたい。

ただ、そこにはやはり濃淡があって、たとえばヘレニズム期に関しては古代哲学の泰斗であるピエール・アドという有力な相談役がいて、両者の間によい意味での緊張関係があったことで、フーコーの論も一定のクオリティを保つことができたのだと思います。古典期についても、デュメジルを援用しての『パイドン』読解、その「ソクラテスの死」をめぐる論考はまさに圧巻でした。けれども、「パレーシア論」におけるエウリピデスやトゥキュディデスをめぐる議論には粗さが目立ち、強引であると評さざるをえません。この方面では、コレージュ・ド・フランスの同僚にジャックリーヌ・ド・ロミィという二〇世紀を代表する古典学者がいたはずですが、聞くところでは大学人事をめぐって対立するなど、関係は良くなかったとのこと。彼女との生産的なやりとりがあれば、フーコーの古代ギリシア論ももう少し違ったものになったのではないか、などと想像したりもします。

市田論文で主題的に扱われているように、七〇年代の『〈知への意志〉講義』ではソフィストがクローズアップされていますが、そこでは「真なるもの」へのアプローチそのものが、いろいろと探られていたように思われます。八〇年代のフーコーが「真理表明術」（アレートゥルギー）を問題にするとき、「語る」という行為に重心が移行するのに伴って、「真理」それ自体の別なあり方の可能性はむしろ閉ざされ、固定化されてしまっているのではないか。『自己と他者の統治』冒頭に置かれたカントの啓蒙論をめぐる論考は、「われわれ」西欧の知識人が「真理」の伝統から自由ではありえないことの、いわば確信犯的な宣言といえるのかもしれません。結果として彼のレトリック＝弁論術をめぐる議論は、「真理」対「詭弁」、あるいは「パレーシア」対「迎合」という極めて単純な二元論に還元されてしまっています。七〇年代の「ソフィスト的なもの」へのアプローチがさらに深化していれば、もっと違った展開がありえたのではないでしょうか。

フーコーの規定する倫理的な態度としてのパレーシアと、多数者の意思で運営される民主制とは、じつは極めて相性が悪い。これはフーコー自身も明示的に語っている結論であり、またソクラテス＝プラトン以来、西洋哲学の基底に横たわる根源的な矛盾でもありました。けれども、「思っていることをそのまま語る権利」としてのパレーシアを手がかりとして、なおかつ現代においてデモクラシーの可能性を探ろうというのであれば、市民共同体における「説得の技術」すなわち弁論術の担ってきた役割をそれとして再吟味することが不可欠ではないか。これが私の持論です。

立木　少し前後するかもしれませんが、お次は千葉雅也さんに応答していただけますか。先ほど重田さんも、千葉さんのフーコー論を称賛されていました。

キュニコス派の激烈な生き様

千葉　重田さん、森元さん、どうもありがとうございます。この論集の構造をすごくクリアに整理していただいて、とくにカントの狂気的な部分が蝶番になっているとの森元さんのご指摘を受けて、この論集が見事に編集されていることをあらためて感じます。

最後に森元さんが挙げてくださったメネデモスのエピソードもとてもおもしろいですね。僕はキュニコス派の激烈な生き様を強調しましたが、ただ一方で、それは場合によって命を賭けることになるわけですから、そこでときに緩衝剤のようなものが必要になるということが、そのエピソードでは「エウムーシア」という概念で言われていたと思います。今後この概念を使ってみたいですね。

フィクションというのはエウムーシアの問題でもあるでしょう。また、あけすけにものをいうことが君主的な形態をとることもある。ある種の言いよどみや、ベールを被せるような効果をパレーシアとともに考えなければいけないという問題意識を僕はもっています。

さらに、布施さんの「になる」、主体の変化を肯定するという論点について、補足的なことをいうと、僕はドゥルーズが専門なので、古代におけるその議論にドゥルーズ的なものを見ています。

フーコーの古代論は、『肉の告白』が出たことで、精神分析の系譜学という側面がはっきりしました。つまり、アウグスティヌスが主体の分裂としての無意識の発明者になっているということです。するとそれ以前は、すごく雑にいうと無意識がないということになりますが、おそらくそうではなく、罪責性をめぐり続けるタイプの精神分析的な主体とは別の主体性を、フーコーは古代にみていた可能性があると思います。僕はそちらの線の方が好きなわけです。もちろん古代は奴隷制があり、強力な家父長制がありますから、古代がよいとはいえません。ですが、ドゥルーズが罪責性をめぐる無限の反省を続けるような神経症的な主体を批判して、その外部にスキゾや戦争機械、遊牧民を置いたのだとすれば、フーコーがたとえばセネカについて、罪の意識もなくただその場で反省するだけだといったりするところに、むしろドゥルーズ＝ガタリ的なものを見てとることができるかもしれない。古代に別の無意識というものを見ることができるかもしれない。そんなことを考えて、「フーコー『肉の告白』論」をまとめました。『文學界』二〇二一年五月号に掲載されますので、お読みいただければありがたいです。

立木　千葉さんの『肉の告白』論も掲載前に楽しませていただいた気がします。千葉さんの話にも出てきました、布施哲さん、いかがでしょうか。

哲学的、倫理的パレーシアスト

布施　私は実は「になる」ということにそれほどこだわっていませんでした。正確にいえば、それは今回の関心事の半分であり、残りの半分をこそ、本来であれば集中的に論じたかったのです。それは、何者にもなりたくない、なりえない、あるいはむしろ、そもそも自己なるものの何たるか、自己なるもののあるべき姿等々にはなんの関心もなく、代わりに、ただひたすら場当たり的で卑小な関心事のために自らの心身を擦り減らし棄損し続ける者たち、つまりフーコーのいう「汚辱に塗れた人々」についてです。そうした「人々」に照明を当てたかったのですが、最後に少し触れたところで紙幅が尽きてしまいました。

ということで、私の文章は実質的にはまだ半分しか書けておらず、しかも、肝心の部分が抜けているのです。パレーシアストなどという大それた生き方をしているわけではもちろんなく、かといって世に埋没、順応することもできない者たちに対するフーコーの目線と、彼のパレーシア論との関係性をもう少し論じたかったですね。両者は生き方として外見上は似ているけれども、当然ながら中身はまったく違う。その両者を見ていたフーコーはいったい何を考えていたのだろうか、ということです。

あくまで個人的な感想めいた言い方をすれば、私にはパレーシア論だけでは話が広がらないように思えました。むろん、フーコー研究の枠内でパレーシア論の位置づけを整理することはできますし、実際、本論で私がおこなったのも理論的な事柄を中心とした交通整理の類いです。しかし、いみじくも重田さんがおっしゃったように、フーコーのパレーシア論を理解しようという際、ある意味、最終的には「感動」するしかないとさえ私には思えました。心を動かされたうえで、哲学者ミシェル・フーコーの生き方について考えてみる、ということ。私にはそのような関心の持ち方しかできませんでした。その背景というか条件としては、おそらくフーコーに対する私自身の信頼があらかじめあったのだと思います。

順を追って素描しますと、まず、佐藤（淳二）さんや王寺さんの議論で見事に描かれているように、フーコーのパレーシア論は啓蒙主義の系譜にある。これはまちがいないところかと思います。その一方で、しかし、パレーシアストには、啓示でも預言でも神託でも師匠の訓戒でもよいのですが、無条件に従うべき言葉があるという点にその際立った特徴がある。啓蒙された知性はそうした無条件性を否定するものであるはずなのに。彼らの「啓蒙」とは、その言葉の無二の外在性に非経験的な自己を向かわせ、それとの同一化を妥協なく目指すような〝自己啓蒙〟、フーコーの言葉でいえば自律的／自己主体化です。そして、そうした超越的外在性との同一化の試みというのは、現実の場面では、他の何者／何物とも同一化せず、誰の臣下／主体にもならないということを意味していました。そうであるがゆえに、彼らのパレーシア実践は是非もなく政治的でもあったわけです。

ソクラテスやディオゲネス、それに私の議論のなかで登場してもらったヌルシアのベネディクトゥスなどは、他の誰からも啓蒙されず、それゆえ他の誰にも操作されない。他の誰にも臣下の礼をとらない。したがって、彼らは為政者やよき市民の群れからすれば、反社会的であり反国家的であり、公序良俗に反する不遜な者たちということになります。くわえて、あたりまえですが彼らには、たとえば今日的な意味での〝自己啓発〟などとは違い、自分自身を鍛えているなどという意識は露ほどもない。彼らの実践に共通するのは徹底的な自己放棄であって、鍛えるべき「自分」などどうでもよいからです。彼らは、ひたむきに神の言葉を実践することで、啓蒙の始原には一定の無条件性、無条件な「信」があるという事実を体現する者たちでもあった。

ここで、しかし、ひとは奇妙な既視感を覚える。つまりこういうことです、パレーシアスト、少なくともフーコーが哲学的、倫理的パレーシアストと呼ぶ者たちは、都市をうろつく住所不定の不審者たちとどこが違うのか。〝中身〟はもちろんまったく違うわけですが、彼らはかつてマルクスが「鳥のように自由な」ごろつき、「ごみ、屑、かす」と呼んだルンペンプロレタリアートと、外見上は見分けがつかないのではないかと。〝中身〟が完全に正反対であるにもかかわらず、パレーシアストとごろつき、高尚な犬とただの野良犬の都市における位置づけは、双方ともおさまるべき鞘など端からなく、空気のように軽い命しか持ちえず、胡散臭く、〝反社会的〟であるという点で非常に似ている、ということです。最高と最低はこうして肩を並べてしまう。

野良犬たちに向けられた統治や主権のからくりを探究する系譜学

布施 他方、〝中身〟以外で両者には決定的な違いもある。パレーシアストがある種の偉人の扱いを受け、直接、間接を問わず名を残しているのに対して、ごろつきは無名です。ペリクレスとは違って、彼らの姿は間違っても紙幣の肖像にはならない。彼らの生は、いわばベンヤミンの天使が〝進歩〟の風によって前方に流されながら物憂げに眺める、あの廃棄物のようなものです。歴史の後方で無数に堆積している残骸（Trümmer）として、たしかに彼らは過去に実在してきたし、今も実在している。統治とはそうした者たちを余すところなく取り込もうとする営為にほかならない。むろん、教会、病院、刑務所から職業訓練所にいたるまでの〝諸装置〟や言説によってです。

『汚辱に塗れた人々の生』は、そうした反社会的ごろつきを、ほかならぬ臣民が同じ臣民の分類にきちんと〝収容〟したうえで然るべき措置を講じてくれと行政側に頼みこむ嘆願書に触れるものですが、そこでは、そうした行政側の記録によって、偶然、彼らがかろうじて匿名ではなくなるという悲しい皮肉が綴られている。私には、七〇年代後半までのフーコーの仕事というのは、つまるところ、野良犬たちに向けられた統治や主権のからくりを探究する系譜学である、とさえ思えてなりません。

繰り返せば、野良犬たちは啓蒙不能です。それゆえいっそう工夫を凝らし、いっそう暴力的な統治術が必要となる。この啓蒙不能性へのまなざしという前提を外してしまったとき、フーコーの仕事はとても読むに堪えない種類の社会学か、不正確な記述に満ちた中途半端な歴史学か、あるいは最良でも職業大学人たちの退屈なお喋りのネタへと堕してしまうことが運命づけられてしまうことでしょう。

フーコーは、究極的には他者からの啓蒙など必要としないそれら二種類の者たち、一方で啓蒙の極北に位置づけられる者たちと、他方で啓蒙のしようがない者たちとのあいだで揺れ動き続けてきたのであって、哲学者ミシェル・フーコーを読むのであれば、その揺れに感じ入るか否か、「感動する」か否かが、文字どおり決定的に重要であると私には思われるのです。

先ほど私は、本当に論じたかった部分を論じる前に紙幅が尽きたといいましたが、もしもあと半分の分量が許されていたならば、啓蒙しえぬ者たちへのフーコーのまなざしに焦点を絞りつつ、彼の「揺れ」をよりいっそう浮き立たせてみたかった。もっとも、それには思いつくだけでも三つのリスクがあります。

ひとつはそうした試みが断章取義、つまり自身の論点に都合のよい部分だけを切り取るものになるリスクです。これを避けるにはかなり綿密な調査が必要になるでしょうから、時間的にもやや足りなかったかもしれません。もうひとつ、それは私が担当していたパレーシア論の枠組みから逸脱する公算が高かったということ、いってみれば、〝ごろつき列伝〟の様相を呈してしまい、もはやパレーシアストよりも〝ルンプロ〟の方が前面にしゃしゃり出てしまうものになっていたかもしれないということです。やはりこれを避けるには、非常に用心深い工夫を要したことでしょう。

三つ目のリスクは、それがフーコーその人の議論からさえ遠く離れていってしまう可能性をはらんでいたということです。私は当初、モーセやイエス、そして中世への入口で地中海を隔てたヨーロッパにギリシャ哲学を導入したユダヤ系、イスラム系の哲学者、宗教者たちにも照明を当て、信仰と哲学のあいだで「揺れ」を感じていた彼らの生き方をパレーシアストの生き方、あるいはむしろ、フーコー自身の生き方と比べてみたかった。研究会ではその構想の一片を発表してもいたのですが、そこまでくると、さすがに『フーコー研究』の文脈にはまったくそぐわぬものになっていたでしょう。

そうしたわけで、まあ、半分を残して校了ということでよかったのかもしれないですね。研究班には若くて優秀なフーコー研究者が何人もいますので、彼ら、彼女らに何らかの機会に何らかのかたちで私の関心事の一端をかすめるような仕事をしてもらえれば、それは私にとって望外のよろこびということになるでしょう。

ともあれ、重田さん、森元さん、ありがとうございました。分量が分量なだけに、読むだけでもさぞかし骨が折れることだったと思います。千葉さんもおっしゃったように、執筆者でさえ気がつかなかった編集の妙があり、小泉さんと立木さんのおかげですばらしい論集になったと思います。また、研究会のために様々な準備をしてくださった佐藤（嘉幸）さんにも、この場を借りてあらためて御礼を申し上げなければなりません。

立木　ありがとうございます。千葉さん、布施さんに編集について触れていただきました。王寺さんの一八〇枚の長大な原稿がこの論集の真ん中にきたのは、たまたまだったのですが（笑）、森元さんのお話を伺ってあらためて考えてみると、王寺論文はなるほどしかるべき位置に収まっていると感じます。そういうところにちゃんと収まるのが王寺賢太だということでしょうか。

フーコー／カント

王寺　今日は評者のお二方には厚みがあるだの詳細だの言われる一方、寄稿した仲間たちが次々に枚数の制限のことを口にするので、黙って人の三倍以上の原稿を書いてしまった私は恥じ入るばかりです。私の論文は、自分が一〇年以上前に邦訳した『カントの人間学』（新潮社、二〇一〇年）を終着点にとり、最初期のフーコーがどんな断続的な移動の結果、のちに『言葉と物』で展開されるような「人間学批判」に至ったのか、この「人間学批判」に賭けられていたものは何かを詳述したものです。

フーコー最初期の心理学批判が教条主義的マルクス主義から人間学的マルクス主義への移行を見せること、そして『狂気の歴史』と『カントの人間学』という一九六一年の二つの著作は、『夢と実存』の序文」の人間学的マルクス主義の立場を、それぞれヘーゲルの主客の弁証法とハイデガーの現存在論に遡って自己批判するものだったこと、その際フーコーが導きの糸としたのが、独特なやり方で解釈されたカント哲学であったこと、これがその主張です。『カントの人間学』邦訳の時点からフーコー／ハイデガー関係には注目していたものの、どうも自分では納得がいっていなかった。これについては国外でも、説得的な読解はまだ示されていないと思います。その懸案に決着をつけるために、大きな紙幅を割くことになってしまい、みなさんにはご迷惑をおかけしてしまいましたが、文献学的理性に徹してテクストを読んだ結果、狂ったような分量の論文ができあがり、その産物が『フーコー研究』の真ん中の折り目あたりに挟まれることになったのなら、それもまたカントの徒としてのフーコーにふさわしいと受けとっていただけるなら幸いです。

私にとって、フーコーはたえず一八世紀末にある転換点を見出した人でした。『言葉と物』で言えば、ちょうど真ん中の折り目あたり、古典主義時代の「表象」のエピステーメーから、近代の人間学的エピステーメーへの転換にあたるのが、この一八世紀末です。「表象」の体系が隈無く世界を覆い尽くした果てに、その「表象」の主体そのものが対象化される転換点と言ってもいい。

フーコー読みにとって、カントは、長く「経験論的＝超越論的二重体」としての「人間」という形象の出現と結びつけられる否定的な哲学者でした。しかし、フーコーは『カントの人間学』以来、晩年の啓蒙論に至るまで、当のカントに終生立ち帰り続けてもいた。いわばフーコーにおいてはカント的な「二重体」自体が二重になっていたと言える。この二重性を端的に言うなら、「超越論的批判」〈理性による理性の批判〉を人間本質の限界確定とみなすか、それとも自己の限界から繰り返しずれ、この限界そのものを繰り返し引き直すような、自己関係的で自己差異化的な運動と見るかの二重性と言い換えることができます。フーコーにおいてはこの後者の選択が、考古学とか系譜学といったかたちで理性的秩序の内側からなされる理性的秩序の歴史的批判の展望を開くのだと私は考えています。

私の読解によれば、一九六一年のフーコーはこうしてカントのなかに二重性を見出し、カントを二重化するとともに、その二重化の運動をヘーゲル弁証法に対しても、ハイデガーの現存在論に対しても反復している。「二重化」は、初期フーコーの「主題」であると同時に「方法論」でもあったのです。

おそらくはここに、いわゆる啓蒙批判で終わらせることのできない啓蒙、フーコーが考えていた啓蒙の二重性を認めることができると私は考えています。その意味で、この『フーコー研究』と私の寄稿は、私自身が京大人文研在職中にその発足から関わった最後の共同研究として、少なくとも私のなかでは、人文研の啓蒙研究の伝統を現在の時点でどう引き継ぐか、という問いに対する回答でもありました。

理性による理性批判

王寺　小泉さんが言われたように、フーコーはマルクス主義のあとの批判、革命を考えた人でした。みずから自分自身を問うこと、理性による理性批判にフーコーがこだわり続けたのもそのせいです。「労働者階級」なり「人間本質」に依拠し、それを足場として批判や革命を構想し、運動を組織することを許すのが、マルクス主義の理論や科学だったとすれば、理論や科学、あるいはそれが示す客観的真理に依拠することができなくなったときに、どうやって現存する支配や合理性の批判の立場を堅持するか——これこそがフーコーにとっての大問題だったと言っていい。まさにそんな状況のなかで考えていたからこそ、フーコーにおいては現に流通している言説なり、現に働いている権力に対して、いかなる態度をとるか、いかなる「生き様」を示すか、ということに問題が収斂していく面もあるのだと思います。

しかし、「生き様」論には感動するかしないかの選択肢しかないとか、エンパワーメントこそ罠だという話もありました。だとしたら、砂を嚙むようにしてフーコーの文字面を追いかけ、フーコーの思考の行程を再構成する私の無闇に長い論考も、おいそれと読者をエンパワーすることはないにせよ、少なくともフーコーが考えたこと、やったことの一端を自ら反復するための契機にはなるかもしれない。私の論文を含め、『フーコー研究』という書物が一人でも多くそういう読者と出会えるといいな、と思っています。

立木　王寺さんがいま啓蒙について触れられたので、次に啓蒙とパレーシア論のつながりについてお話を伺ってまいりましょう。佐藤淳二さんは今回の論文で、フーコーは啓蒙家であり、キュニコス派であり、パレーシアストであると主張されていると、私などには見えるのですが、佐藤さん、いかがでしょうか。

啓蒙への問い／フーコーの視点による啓蒙の展望

佐藤淳二　今回の論文を書いている過程で、何か当初の目論見とは別のものが見えてきたというのはありましたが、私はそれ以上書くのをやめてしまいました。字数制限を律儀に守りすぎたかもしれないです（笑）。

ともあれ今回書いたのは、次のようなことでした。

(1)啓蒙へのフーコーの問いを、講演「批判とは何か」から見直すこと。

⑵啓蒙への問いを、晩年の講義に挿入されたカント「啓蒙とは何か」読解の文脈を明確にすること。
⑶以上からフーコーの視点による啓蒙の展望を示す。

説明しておきます。第一に、一九六〇年代のフーコーは、周知のように、初期マルクスの疎外論に依拠した「人間的マルクス主義」への対抗という立場もあって、「人間」概念を問い直し、「啓蒙」もその派生として扱っていた。しかし、一九七〇年前後に大きな転換があり（この点を詳述する余裕が今回はありませんでしたが）、一九七八年の重要な講演「批判とは何か」では、カントと啓蒙を本格的に論じるに至りました。

「批判」ということを図式化して示しておきます。そもそも、純粋理性、実践理性、判断力などでの「批判」は、理性自身が理性の限界ないし自らの存立や実践の条件を「理性的に」突き詰めるという困難な作業のことです。では、「批判」を遂行する当の「人間」を「批判」し、「人間」の条件を問い直すとしたら、いったい何が起きるのか。要するに「人間とは何か」という問いが出てくるわけですが、これに答えるのは難しい。「人間」の生き方の可能性の条件に答えるのがカントの『人間学』のはずだが、「実用的」（すべてではない人間の自己関係）というその戦略もあって、かえって問題は曖昧になってしまった（フーコーの『言葉と物』はそれに答えて、少なくとも一九六〇年代の到達点を示した）。そこで、理性と共に生きるということ、「人間」の本質的な生き方や「態度」の問いへの手掛かりが見出されるのは、結局カントの論考「啓蒙とは何か」においてである。以上が、フーコーの問題構成だと、そう私は解釈します。

そこで第二点、「啓蒙」という「人間」への「批判」の帰結です。フーコーは、「啓蒙とは何か」というカントの小編を何度か取り上げているが、『自己と他者の統治』（一九八二―八三年講義）での議論が重要です。カントの言う「未成年」に留まる限り、われわれは、医者や教師や牧師の言うことを聞いて生き方を他人任せにする。医学が健康な生き方を勧めればその通りにし、学校で生活の仕方を指導され、宗教から魂の救い方を説教されるという具合に。現在でもこのカントの議論に当てはまる事例は、いくらでもあるわけです。これに対して、理性のもたらす普遍性への導きは、一切の他人任せの生き方、人生の範型などを解体する力を持つ。だから啓蒙されるには、人は「勇気」を出して自立し、自分を変革しなければならないと、カントは断言している。

統治から逃れるために

佐藤　ここで少し視野を拡張して、われわれは世間や社会が与える「役割」に収まってしまうこと、これが啓蒙されない「未成年」の生だと考えてみます。すると、カントの啓蒙をどこまでも推し進めて完全に「成年」となるなら、世間の割り振る役割はことごとく破壊されることになるだろう。それは徹底した革命に他ならない。しかし、カントはここで態度を曖昧にしてしまうのだ、そうフーコーは考えたといえるでしょう。

ゲームやアニメの「キャラ」のようなものを演じ分けるような人、あるいは二枚舌や三枚舌を駆使するような哲学者がいいのか。いや、いうまでもなく、易々と「キャラ」を切り替え、二枚舌を器用に操るというのは、それこそ「統治」が貫徹している証拠です。どうやって、この統治を逃れるのか。統治が、われわれの知らぬ間に強いている役割から逃れることは可能か。それは役割の空虚を探すことに等しい。それはすべての真実を言うこと、二枚舌をやめてパレーシアを遂行することに違いありません。そういう生のゼロ度、生き方の割り振りの拒否こそ、最後に問題となるのです。

そこで第三点です。「役割」から「役割」に切り替える間の「ゼロ・キャラ」を実際に生きる態度というと、フーコーの挙げる古代のキュニコス派の例がまず思い浮かぶ。さらにそれが反復されたものとして、キリスト教の霊性（神秘性）に基づく禁欲主義、あらゆる否定の肯定とでもいうべき神学的な否定の態度がある。更には、激烈な現世否定のネガティヴな態度が、革命運動の戦士的な態度にも、凡庸を心底から蔑視したモダンな芸術家たちにも、同じように反復されていると、フーコーは論じている。「批判」を人間に対して遂行し、具体的な歴史の中で倫理として反復した人々の系譜がある。ここにこそ、統治から逃れるという啓蒙の問題のフーコー的な見通しがあるのだ。

振り返ると、最晩年のフーコーは、それまでの諸問題を呑み込むようなさらに巨大な問題を垣間見ていたと思える節があります。啓蒙や更にはパレーシアの問題さえも、その一つの環でしかないようなさらに深く広い亀裂を、フーコーは歴史の中に直観していたかもしれない。しかし、それを展開する途上で彼は、逝った。フーコーのオデュセイアは途切れてしまった。それを継げるかどうか、われわれ次第かもしれないし、論じられるべき課題はまだ多い——性愛の問題ももちろんですが、主体（の解釈）論や真理論を一種の価値論批判として見直せないかなど——ですが、今回はここで停止するしかありません。

『性の歴史』第一巻の生き詰り

佐藤　さて、今後の課題につなげる意味でも、先程の森元さんの話は意義深いと思いました。森元さんの話は、この論集の他の諸論文との連続性とか非連続性、あるいは切断（「分水嶺」）などを明らかにしてくれて、とてもインスパイアされました。なかでも生と死の問いは、たしかに重要です。フーコーといえば「人間の終焉」というわけですが、そこから色々な議論の拡張があったわけで、たとえば、人間がいない時代（遠い過去であれ、遠い未来であれ）、生と死を超えたところから考えることに、現在時点でどのような意味があるかという、いわゆる空想科学フィクション的だが、しかし本質的な問題があります。フーコーがそれをどう考えるだろうか気になっています。二つだけ問題を指摘させて下さい。

まず想うのは、一九八二年にフーコーが書いた「主体と権力」という有名な論文のことです（ドレイファス／ラビノオ編『構造主義と解釈学を超えて』初出）。その最後で述べられているのは、主人と奴隷の弁証法、またマルクス主義などの闘争の論理が、生死を賭けたものだということです。もちろん今でも死なせることによって民衆に恐怖を与える権力はあります。もちろん生死の問題はいまも重大です。しかし同時に、ネオリベ的な時代にはむしろ生きさせられてしまう、死なないように透明化するとでもいうか、そういう大きな力が有効になります。そのため死が、闘争や権力支配の焦点にならなくなる。生と死の問題がそういう段階にまで来ていることを、フーコーは意識していたでしょう。

つまり、第一の問題は、生と死がもはや歴史ないし物語を構成しないという問題です。『性の歴史』第一巻が行き詰ったのも、闘争や抵抗の意味が変わってしまったからではなかろうかとさえ、私は思います。生と死が重なる、あるいは普遍性と一体化してしまって生と死の区別がなくなるということを、フーコーは見ていた。生と死の区別がなくなって、生き延びるために闘うのではなく、支配のゲームだけがただただ進んでいく。それは「人間」の顔がことごとく消え去った後の砂浜のようなところですが、そこに希望のようなものを見いだすことは恐らくできません。これが第二の問題で、もはや意味をどこに見出したら良いかわからない、無意味しかない、という問題です。

だとすれば、知をどこまでも進めることで自立を手に入れるという啓蒙の考え方こそが失効しているわけです。どうしたら良いのか。知と支配、権力関係というのは同じ平面上での議論にしかならないから、例えばドゥルーズは、フーコーに次元をもう一段上にあげる（増やす）ように言う。しかしフーコーはそれを拒否したようにも見える。この点は、箱田徹さんが以前から論じておられる、「フーコーの闘争」という重要な論点に関わるかとも思われます。

ともあれ、他の方々のお仕事とようやく連関できるというところで、私の論文は終わってしまっています。続きをやっていきたいと思います。また今回の合評会で、森元さんの素晴らしく知的な読解に触れることができて、大変うれしく思います。ありがとうございます。

立木　いま佐藤さんが触れられた生と死の問題を、啓蒙との関係で論じておられる田中祐理子さん、いかがでしょうか。

「cœur 心」と「courage 勇気」

田中　二点だけお話しさせていただければと思います。

まず、森元さんが、フランス語の語源的に、「cœur 心」が「courage 勇気」につながることを示してくださったのは、とてもありがたいことです。『カントの人間学』でも、「Gemüt 心」と「Geist 精神」、「Seele 魂」の語が示している違いを日本語だけで理解するのは難しいですし、フランス語に翻訳するにしてもカントが記したそれぞれの原語がどの語であればぴったりと訳せるかは、容易には判断しづらいです。

たとえばカンギレムの手稿を読んでいると、「心」は esprit の語で示されていることもあります。この三つは厳密には分けて取り扱うことは不可能で、いつでも互いに少しずつ混じり合っているものではないか、それでもこれらの概念の示す「違い」をどのように捉えるべきなのか。今回の原稿を書きながらずっとそれを難しいと思っていましたが、先ほどの cœur と courage から、ドイツ語の「Mut 勇気」、「Gemüt 心」にまでつなげていただいて、私にとって視野がぱっと開かれる思いがしました。「Gemüt 心」は、カントの人間学においてはなによりも、一回性というものを担っているからです。そのための「力」を持ち、かつ、これを発揮する存在です。

その一回性、その都度ただ一度だけのものとして発現され、そして一度なされてしまえば二度と戻ることができないような「力」と結びついて、カントのいう「心」はある。だからこそ、そこでの「心」は「勇気」でもあるのであって、この論集のなかの、松本潤一郎さんのいう「死」の問題、佐藤淳二さんのいう「決断」の問題、王寺さんのいう「時間性」や「歴史的時間」の問題とかかわるものとなる。このことを、森元さんに教えていただいたと思います。

原典の言葉へとさかのぼって読み続けるために

田中 次に、最初に重田さんがおっしゃった、この論集をどのように読めばいいのか、どういうフーコー像を読み取ればいいのかという問いが気になっています。私はあまり、「この論集のフーコー像」というものはないと思っています。そもそも『フーコー研究』では同じ主題を論じていても、相互参照がほとんどない事例もあります。

ここで本音を言うと、王寺さんが人間学について書くことを私は聞いていませんでしたので、目次が固まってきたときには仰天しました。私は研究会で報告した通りのことを論文にまとめましたので、王寺さんには少し不満を言っておきたいです（笑）。ただ、同じテクストを対象にしていて、あれだけ自分ではフーコーの『カントの人間学』を読んだと思っていたのに、まだ気づいていなかった、読むときはただ通り過ぎてしまっていた、驚くような見事なフレーズを、王寺さんの引用を読むことでまた発見しました。他の論文を読んでいても、やはりそのような思いをする箇所がたくさんあります。

『フーコー研究』では、すべての論文で、その論述の典拠がしっかり示されています。そこから今度は読み手がフーコー自身の言葉へ、さらにフーコーが著作や講義を生み出す過程で参照した様々な別の原典の言葉へと、自分自身でさかのぼって読み続けるための、いわば一冊の事典としても使えることがこの論集の魅力だと思います。そうやって読者自身がこの本を超えてフーコーを読み続けるために、どこからでも、何度でも繰り返し、毎回ちがう読み方がされるべき一冊だと思っています。そして、そのようなものであることは、進行している思考や歴史の途中で突然止まってしまったような、本人が説明しないままに残されている、あの膨大な情報の詰めこまれたフーコーの言葉を読むために、とてもふさわしいことではないかと思うのです。

立木　力強いご評価をありがとうございます。森元さんは「ランプを消し、出立せよ」という丹生谷貴志さんの引用に触れてくださいました。啓蒙とパレーシア論の流れを受けて、丹生谷さん、いかがでしょうか。

なぜ西洋的な思考が生まれたのか

丹生谷　手短に話します。僕の専門は美術です。フーコーの扱う問題は多種多様ですので、ひとつを追うだけでも精一杯です。フーコーはコレージュ・ド・フランスの講義で、「西洋の思想は」「西洋においては」と繰り返し強調する。フーコーは『狂気の歴史』などで東洋の重要性に関してほのめかしますが、それを否定し、詳細に論じはしません。逆にいえば彼にとって、なぜ西洋的な思考というものが存在したかが問題だったということです。古典主義時代も近代哲学も、人間一般に起こったことではなくて西洋で起こったことですよね。なぜ西洋人はこのようにものを考え、このように社会をつくってきたか。古代ギリシアから、魂、記憶、真理ということが問題にされてきたし、初期キリスト教でも、キリストの身体は真理か非真理かが語られてきました。

僕がずっと気になっていたのは、あるものを真理と呼び、あるものを悪魔と呼び、それと同じものか同じものでないのかを、あらゆるものについて語らざるをえないという事情です。グノーシス教は、すべてはにせものだ、けれどもすべてがにせものである世界を神が作ったという説明の仕方をする。砂漠のなかの何粒かは、神が世界をつくったときの姿が残っているはずだからそれを探せ、というような問いの形ができてくる。私がフーコーに関心をもつのもこの点が気になっているからです。世界には真理と真理ではないものが存在していて、真理を探すように命令される。告白ならば自分のこと、本当のことを語れ、という非常に独特な命令です。告白は本当のことを語らせる装置です。

ひとつひとつの個物、砂粒について真理か真理でないかを語るのは困難です。次の瞬間に別の個物、別の砂粒が真理になるかもしれない。だから見極めようがない、という問題がでてきます。それがおそらくフーコーにとって近代、つまり古典主義の終わりということでしょう。あくまでも図式的に、もう一度問題を整理します。私が思うに、フーコーにとって問題だったのは、なぜ西洋的な思考が生まれたのか、真理を探求しなければならないという特殊な使命をもった組織体がどのように生まれたかについてです。レーモン・ルーセルの言い方を借りれば、「広大な仕掛け装置群の陳列から出来た庭」は、なぜ構成されたのか。

そしてそれが、あらゆる人間にとっての問いであるかのように機能するのはなぜか、についてです。東洋のようにお坊さんはつねに自分のこと、本当のことを追求しなければならないが、一般の人間はときどき思い出せばいいというのとは異なり、西洋ではあらゆる人間が真理を語ることが迫られているという格好で、真理をめぐる問いが浸透している。このようなヨーロッパの特殊性をフーコーは問題にしていたのではないかと思います。

フーコーはヨーロッパのその特殊性のなかに自分自身が含まれていることを了解している。機械のなかにいてその機会の一部として自分が動いていることにフーコーは自覚的だったのではないでしょうか。僕は外野の人間なので、僕のフーコー論なんていうものはなく、みなさんをがっかりさせているかもしれませんが、僕の文章は文学的にも哲学的にも読めるものです。フーコーというものを今の日本に無前提に引っ張ってくることを、どうすれば避けることができるか、という問いだけは忘れないでいたいと思います。

立木 やはり啓蒙とパレーシア論の流れで、市田良彦さん、いかがでしょうか。

真理――ドゥルーズとフーコーを分かつ論点

市田 森元さんの発表から、パレーシアがこの論集全体を覆う影のようになっていると気づきました。私もパレーシアを主題として書きましたが、私の論文では、フーコーのパレーシア論をパレーシア論としては読んでいないのですね。私には、パレーシア論の実質はフーコーにとって古くからのなじみの主題であり、それを八〇年代になってやり直しているように見えるのです。啓蒙論もその一つ。そのことを限定された範囲で跡づけてみました。ですから、パレーシアとは何かを明らかにするというより、固有の「パレーシア論」をむしろ解消することを目指しました。フーコー最後の思想たるパレーシア論はこれだというような議論には、実はあまりそそられません。

それでも、丹生谷さんの話に引きつけていうと、八〇年代になってなぜ真理を正面から取り上げたのだろうか、という問いは成立すると思います。ご承知かと思いますが、真理はドゥルーズとフーコーを分かつ論点の一つでした。ドゥルーズのほうは、ミシェルはなぜ今さら真理なんて問題にするの？　とち狂ってるよね、と言っていたらしい（フランソワ・ドス『ドゥルーズとガタリ――交差的評伝』）。しかし真理概念自体も、それを突っつくと以前のテクストに返っていくようなところがあります。たとえば、私が大きく取り上げたフーコーの『〈知への意志〉講義』（一九七〇―七一年度）における真理の扱いと、パレーシア論におけるそれは大きくちがいます。

ところが講義前年の『知の考古学』（一九六九）では、真理の代わりに注視されたのが言表や言説の「規則」であっても、そこに着目するとパレーシア論と「考古学」では重なるところがでてきたりする。私の論文では、パレーシア論を入り口にして、そこからいろいろな方向に遡っていくとともに、生涯の仕事を通してのフーコー的問題を浮き彫りにするためのプリズムとして、パレーシアというか真理問題を取り上げたかった。八〇年代のパレーシア論はまた言語行為論でもあり啓蒙論でもあり、というふうにしてね。

森元さんが触れていたパレーシアと精神分析の関係の話は、わりと単純だと思います。パレーシアそのものはキリスト教の普及によって、いったん歴史の舞台から消えます。自分の言ったことを、間違いなく私が言いましたよと引き受ける行為としてのパレーシアは、です。このときパレーシアスト――パレーシアをなす人――は、内容はなんでもいいけれど、口にしたこと、「言表」をいったん外在化したうえで、これを言ったのは私である、と引き受けている。パレーシアの意味は「真実を語る」であると同時に、「率直になんでも語る」ということでしょう。語るべき内容にあらかじめ検閲を設けるな、ということ。同時に、言表を自分の所有物のように思ってはいけない、という前提的要請がある。語るべきことが「真理」であるにしても、パレーシアストの語る「真理」は彼の外からやってくる。だからパレーシアストはそれを改めて自分と結びつけるわけです。

言表のこうした外在化と引き受けこそパレーシアの実質だとすれば、キリスト教の告解では、語るべき内容はあらかじめ決まっています。何を語ってもいいというわけではなく、自らの罪を語らねばなりません。アダムとイブの犯した「原罪」以来、私の中に受け継がれていると定められている罪を語れ、というわけです。フーコーがアウグスティヌス論で分析しているのはパレーシアではありません。その違いをどうとらえるかということを、精神分析系の執筆者にはもう少し展開してほしかったと思います。

立木さんは精神分析が無意識の概念との関係で定義する「主体の分裂」について論じていますが、この「分裂」と、パレーシアに認められる主体とその言表の間の分裂とはどのように違うのか。それをぜひ語っていただきたかったですし、これから語ってくれるだろうという期待を込めて、お伝えしておきます。パレーシアストは自分と言表の間に存在している分裂を解消して「主体」になっているようにさえ見えます。それがキリスト教において「主体の分裂」――『肉の告白』に即して言えば「欲望の主体」と「権利の主体」の分裂――になる歴史を、精神分析はどのように分析するのか……。

「精神分析の考古学」の着地点

立木　市田さんの鋭いツッコミで、少し動揺していますが、ここは司会者としてではなく、執筆者としてお答えしなくてはなりません。私は、小泉さんが『表象』（一一号）で、精神分析的な主体理論もフーコー的な主体理論も「死滅した」とおっしゃっているのを知りませんでした……。キビシイ現状評価だと思います。

私の論文は、さきほど森元さんが見事にまとめてくださった通りなのですが、これはもともと、パレーシアについて精神分析の立場から立木が何か言わんとイカン！という小泉さんの指令を受けて書いたようなところがあって、ほんとうはフーコーに内在的な視点から何か書きたかったのですが、そういう方向で構想していたテーマがいずれも滑ってしまい、パレーシアを中心に、しかしパレーシアだけでなく、いっそフーコーと精神分析の関係について、自分なりに決着をつけようと思って書いてみることにしました。

しかし、パレーシアはキリスト教的「主体の解釈学」へのオルタナティヴとしてフーコーによって捉えられている面があります。こういう整理のしかたが市田さんにはおそらく生ぬるく感じられるのだろうと思いますが、私には市田さんのような年季の入った読みができないので……。ですので、パレーシアと精神分析の関係について考えようと思うと、『知への意志』でフーコーが精神分析をキリスト教的告白の伝統に遡らせつつ「精神分析の考古学」と呼んだものがどこに着地するのかを見きわめなくてはなりません。それで、この『フーコー研究』ではそちらの問題に取り組んで、残り、つまりパレーシアと精神分析というズバリの問いについては、もうひとつの論集（『ミシェル・フーコー『コレージュ・ド・フランス講義』を読む』）のほうに回すことにしました。

ありがたかったのは、五〇年代から六〇年代にかけてのフーコーについて、フーコーの精神病概念は「ラカンを通して読まれたフロイトのそれである」とするエリザベータ・バッソの最近の研究、そして、「精神分析の考古学」の着地点は『性の歴史』第四巻『肉の告白』にあるとするフレデリック・グロの主張（この点については、グロだけでなく、柵瀬さんも論文の註のなかで触れておられたと思いますが）に出会ったことです。バッソのほうは、この解釈で少なくとも六〇年代末まではいける、と思いました。

しかし、これは坂本さんの論文で示唆されていることですが、やはり権力論の深まりとともに、そして私は、この点では反精神医学の影響も大きいのだろうと推測していますが、七〇年代の前半から、フーコーは真剣な精神分析批判をはじめて、それが『知への意志』での精神分析の指弾に繋がっていきます。

狂気の言語と精神分析のアンチノミー

立木　では、そこに起点の一つをもつ「精神分析の考古学」はどこに向かったのか。グロが言うとおり、『肉の告白』にその答えがあります。ここからはグロというより私の見方ですが、『肉の告白』からは少なくとも二つの点を取り出すことができます。

まず、初期キリスト教における洗礼および悔悛の儀式と教義の発展が、古代ギリシャ・ローマの「良心の吟味」とは一線を画する「告白」の実践、すなわち、他者への完全な服従と自己の放棄を課す真理陳述の技術としての「告白」を誕生させたという点。次いで、古典世界から初期キリスト教に持ち込まれた「純潔性」の道徳的価値が、修道的苦行を通じて、「主体化」を促す自己の技術として発展する一方、純潔性の修練を「結婚」のそれと中和させることを試みたアウグスティヌスが、「情欲（リビドー）」によってもたらされる性器の不従順を、神にたいするアダムの不従順の現世的名残とみなす視点から、欲望する人間の主体化を「意志」と意志に内在する「不随意なもの」（性器の不従順）のあいだの分裂、すなわち「自己にたいする自己の分裂」と捉えたことです。キリスト教的主体は、こうして、アウグスティヌス以降、「欲望主体」となり、「分裂した主体」となりました。

私の読みでは、この二つの点は重なるだろう、と。「主体の分裂」はたんに「結婚」や「純潔性」の主題のみにかかわるのではなく、遡及的に「悔悛」のそれにも反響を及ぼします。真理陳述の技術に依拠する修道的悔悛の実践において、他者への絶対的「服従」と並んで要求される「自己放棄」とは、「主体の分裂」のひとつの実践的形式であるように見えるからです。

私には、この「主体の分裂」が初期キリスト教から精神分析にまで繋がる縦糸であり、フーコーはこういうかたちでの「分裂」を拒絶する真理陳述として、あるいはアレートゥルギーとして、「パレーシア」を提示しているように見えます。そうなると、精神分析は苦しいです。主体の分裂という考え方を、少なくともラカン派はまだ棄てることができないので。では、どうするか、ということが問題になるのですが、それについては、『フーコー研究』には書けませんでした。

　この論集に書いた結論は、正直に言うと、ある種の「お茶を濁す」というやつで、主体の分裂を斥けるような言語がラカンの理論のなかにあるとすれば、それはかろうじて彼が示唆している精神病者の一言文（holophrase）であって、これはむしろ、今日では自閉症に親和的な症状というか現象だと思いますが、それくらいしか見当たりません。ところが、それが狂気の言語だとすると、精神分析はやはりその言語を聞き漏らすことしかできません、なぜなら精神分析の実践そのものが主体の分裂を要求するからです。少なくとも、ラカンの分析理論ではそうです。そこから、狂気の言語と精神分析のアンチノミーという、精神分析にとってやや厳しめの命題に落としたのが、こちらの論集での私の結論です。

「主体の分裂」的な言説との決別

立木　一方、副論集のほうでは、むしろ開き直って、少々ぶっ飛んだ議論をしました。ここでは詳しく立ち入れませんが、ポイントは、精神分析においてパレーシアを語ろうとするなら、分析主体（患者）の問題としてではなく、分析家の側の問題としてそうしなくてはならない、という点です。

もちろん、ラカンにおいて分析家もまた主体の分裂を刻印されています。しかし、分析家というのは、ラカンによれば、自らの主体の分裂を活用して、それを転移の分析に活かすことができます。そうすることで、分析家は自らの主体の分裂に振り回されることはなくなる。では、それはどのような分析行為として現れるのか。『精神分析的行為』という未刊のセミネールで、ラカンは、分析家は自らの主体の分裂を使って、ベラスケスが『侍女たち』を描いたときのように、患者の話を聞きながら、患者によって語られる場面に自分が居合わせた図を幻想することができなくてはならない、それをとおして転移のなかの自分を捉えなくてはならない、と述べています。そのように転移を捉えることができたときにはじめて、精神分析は精神医学への従属から解き放たれるだろう、と。私は、このようにいわば「転移画」を思い描くことこそが、精神分析家のパレーシアとはいわないまでも、それに代わりうる何かではないかと、控えめにですが、提示することで、この問題に一応答えを出したつもりです。

ただ、これにたいして、市田さんは今回の論文で、「第三者である真理」を取り込んだ主体が分裂するという話をなさっていて、最初に拝見したとき、これは困ったなあと率直に思いました。パレーシアストの主体こそが分裂するという読み筋は、私のなかにまったくなかったので。しかし少なくとも、真理を取り込んだ主体が分裂するということと、自己抑制や自己犠牲によって主体が分裂を被るということとは、やはり別のことであるように思います。

私を私自身の読みに固執させるのは、西洋思想の人間主義は「人間というポジティヴな形象を、キリスト教にとって果てしない解釈の領野である自己の開けの条件であった犠牲の代わりに置きたいという深い欲望に結びついている」というフーコーの指摘（『自己の解釈学の起源』）です。西洋思想はつねに「自己犠牲」を「人間」という形象に反転させる契機を求め、この反転の錬金術によって発展してきたと、フーコーは見ています。これは、逆にいえば、西洋的「自己の解釈学」の枠内に留まるかぎり、西洋的「人間」はつねに根源的な欠如（自己喪失）を抱え続けなくてはならないということです。こういうところを読むと、フーコーは卓袱台をひっくり返すように、「主体の分裂」的な言説と決別したかったのではないかという気がするのです。とりあえず、今回はそういうところで勘弁していただけたらと思います。

市田　変なつっこみを入れてしまい、ごめんなさい（笑）。

小泉　市田さん、立木さん、ありがとうございます。森元さんが言及してくださった執筆者の方に、簡単にひと言ずついただけたらと思います。

立木　この流れで、上尾真道さん、そして柵瀬宏平さん、ご発言をお願いできますか。

フーコーにおける精神分析の入口と出口

上尾　私の論文は、精神分析に関する章に収まりながらも、直接には精神分析を取り扱っていません。両者の関係をこれまでも考えてこなかったわけではありませんが、「フーコーと精神分析」や「フーコーか精神分析か」と言った問いの立て方が徐々にしっくりこなくなってきたせいかと思います。結局その代わりに、フーコーにおける精神分析の入口と出口を扱うような論文となりました。そのような立場から、森元さんの問題提起、市田さんのコメントにもお答えになるような話ができたらと思います。

最初に精神分析への入口ですが、私はそれをフーコーの思索に長く通底する「告白」の主題として取り上げました。論文ではその代表的場面として、一九世紀の医師ルーレが、告白による治療――モラル・トリートメント――を患者に強制する場面を取り上げています。そこでは自己について真理とされることを述べることが、主体性のある種の変容をもたらすのだとみなされています。こうした実践の系譜は、最近の『肉の告白』の出版でも改めて注目されていますが、『知への意志』以来、キリスト教的司牧制と精神分析を貫く縦糸をなすものとして、フーコーが取り組んだ研究に相当するでしょう。

さて、この告白の系譜学は、おそらくひとつの特徴で言い表せるように思います。すなわち真理が、他者のロゴスの相関項として設定されていることです。牧師や医者のロゴスのなかに、自己を放棄しつつ没頭していくことが問題となっている。主体の自由、自律は、他者の理性の決定論とのアンチノミーを通じて規定されている。こうした論点へのフーコーへの関心は、カントおよび啓蒙の問題への関心とも大いに重なるようです。フーコーに散見される精神分析論のいくつかは、じじつ、そうした主題系のうちに位置づけられるべきものと思われます。

しかし市田さんが言うとおり、さらに古代へ遡ってパレーシア論までも視野に収めるなら、上記のような議論だけでは物足りません。このとき予備的にまず考えておきたいのは、先に述べたような精神分析とは、二〇世紀のポピュラーなセラピー実践を総体的に捉える、精神分析一般を指すものであるのに対して、フーコーの身近にはラカンという甚だ特殊な精神分析家がおり、彼の議論の端々にはやはりその影がさしているように思えるということです。ラカン自身、折に触れ主流派の精神分析を批判しながら自説を展開したことを思い出すなら、告白の系譜を踏み越える足がかりとしてラカンが果たしたかもしれない役目を推測することもできるでしょう。

じっさいフーコーが『主体の解釈学』講義でラカンの名を挙げている箇所は、そのような読みを誘います。ちょうどラカンの死の直後のことで、彼の学派の分裂騒動などが大きく目を引いていたはずの頃、フーコーは、階級措定や組織帰属などといった水準とは別のところで、ラカンが主体、真理、霊性をめぐる実践の理論を拓いたのだと論じています。

ここでのラカンの扱いは、こう言ってみてもよければ、キリスト教のパウロ以降の制度化と教義化に対し、イエスその人を対置するようなものでしょうか。とにかく問題は、ここで三つ巴になるはずです——フーコー・精神分析・ラカンと。しかし結局フーコーはラカンの学説と実践についてはっきりした見方を提示しているわけではありませんので、この三つ巴をどう腑分けするかは、我々に委ねられている問題です。

注目すべきフーコー晩年の治癒論

上尾 ひとつの試みとしては、告白的真理陳述の主題から、パレーシアへの移行を、ラカンが精神分析を刷新しようとした仕方に重ね合わせる、ということが思い浮かびます。あるいは、じっさいフランスでジャン・アルーシュが行っているように、フーコーによるこの晩年の霊性に関する示唆から、ラカンの精神分析を見直すという試みもあり得ます。いずれにせよ、その時には告白的で、自他のアンチノミーに閉じ込められるのとは別の仕方の発話の様式が、ラカンとフーコーとを繋ぐ論点として探されるでしょう。そういう観点から例えばですが、ラカンにおける「満ちた発話」なり、「精神分析家の言説」なり、あるいは「精神分析的行為」なりを検討することも可能なのだとは思います。しかしややもするとこの議論は、単に両者が重なりますね、という話で終わりかねない。実のある議論にするには、実践のアクチュアリティとどこかで結ぶ必要があると思います。

今回の私の論文では、フーコーの思想そのものにコミットしたいという思いが強かったこともあり、現代の制度論、実践論という射程にまで踏み込んで論じるという選択肢は取りませんでした。代わりに、パレーシアの問題と精神分析的経験とが重なるようなひとつの論点として、フーコー晩年の治癒論に注目しました。最後の講義でフーコーが治癒について語っているということ、これがフーコー思想の深い一貫性を示す兆候のように思えました。それこそ、彼が取り組んできた様々な臨床的実践の批判的考察の出口を示す考察なのではないか。精神分析の出口、つまり分析的治療が終わるその瞬間を示唆しつつ、またそれによって精神分析という問題への取り組みもまた終わりに達するような二重の出口がそこに示されているのではないか、と考えたわけです。

さて、この治癒は、デュメジルの小さなテクストを媒介にプラトン『パイドン』を解釈するという形で論じられます。ソクラテスの死に様を扱ったここでの議論は、晩年のフーコーのパレーシア論にとってもひとつの蝶番のようなものになっていると思います。そもそも晩年のパレーシア論じたい、非常に複層的に論点が折り重ねられて展開されますが、基本的には「発話」の問題であり、そのかぎりで告白的な真理陳述への関心の延長、発展としてみなされうるでしょう。そこで問題となるものが、ラカンならば言表行為と言表内容の分裂と呼ぶものです。すなわち言われた命題が意味として他者の場で成立する一方で、言う主体それ自体はそこから消えてしまう。言われたことと言う行為のあいだの深い亀裂、そのような言語的疎外と関わる論点です。

パレーシアもまた、「真実を」であれ「すべてを」であれ「あけすけに」であれ、「言う」ことが問題である限りで、この分裂の主題を引き継いでいるはずです。たとえ、この疎外の回復や克服への期待が込められているとしても、です。しかし、かといってパレーシアとは疎外を克服する発話なのだと言い切ってしまうのは、いささか素朴で、ユートピア主義に陥る危険もあるでしょう。他者のロゴスに寄生することのない自律した発話が可能だなどと簡単に言えるでしょうか、形而上学的な自閉主義でも想定するのでなければ。

フーコーも同じジレンマに横着していると思います。そうして講義『真理の勇気』では、その先に進むための最後の理論的移行を行ったのだと考えます。それこそが「生」という主題です。あるいは最終講義のタイトルに即していえば、「言うこと」の「真理」という認識論的問題系から、その「勇気」という実存的ないし倫理的次元への移行が為されたのだとも表現できるでしょう。ソクラテスの死に様の検討がひとつの蝶番だというのは、まさにこの移行をめぐってのことです。

分裂に身をおく、分裂をやりくりする、分裂を生き抜く

上尾　こうして、フーコーの最後の問題概念として「勇気」があるというわけです。そして精神分析がフーコーから引き出す教訓があるとすれば、この論点ではないかとも考えています。私自身、まだ十分に考え抜いたなどとはいえませんが、本日、話題となっている分裂という主題を、この関連のもとに起き直す必要は感じています。発話の問題系の外に出ても完全な縫合など考えられやしないのなら、まさに生の次元において、分裂に身をおく、分裂をやりくりする、分裂を生き抜くという課題が生じるはずです。この分裂、おそらく意味と存在のそれとは呼べない種類のものであるはずで、（フーコーが『狂気の歴史』で示唆するように）フロイト流の生と死の二大巨人を呼び出すべきか、あるいは古代風に不死なる神と死すべき人間との分裂と見るべきか、まだはっきりとはしませんが、ともかくフーコー思想の基底をなすものとしてその分裂を再発見する必要があります。

またそのうえで、分裂を生き抜くモードとして、勇気の問いに戻ることができるかもしれな

い。さしあたり今回の論文では、その点に関しては『ラケス』論に触れ、問題がもはや言語的ではなく音楽的な「モード」に移行する様を確認していますが、紙幅の都合もありその面白さは十分に展開できなかったかもしれません。いずれ改めて取り組みたいです。

最後に、今回、論文を書きつつフーコー思想のこうした奥行きに思いが及ぶに至って、それがヨーロッパの哲学史に深く根づいていることを改めて強く実感しました。フーコー像ということが問題になるならば、いわば、非常に狭い意味での「哲学者」であるフーコーが目下、析出されつつあるのではないかと感じます。とりわけカントおよびドイツ観念論という、近代の世界市民のプログラムとその反動とに動機づけられた哲学思潮の直接的後継者としてのフーコー。応用以前、「道具箱」以前のハードな哲学者としてのフーコーです。

しかしこの見方を掘り下げることは、おそらくフーコーを正しくヨーロッパ的な座標に返却することにもなるはずで、それがいつかフーコーの限界としても明らかになるのかもしれません。「精神分析的主体の消失」という問いにも、(実践的にはともかく、その思想性という点に限れば)同じ水準から応答すべきかと思っています。

真理のステータスとはどのようなものか

柵瀬　『フーコー研究』に寄稿した論文で私は、デカルトのコギトをめぐるフーコーとラカンの解釈の変遷を辿ることで、この二人の思想家が行った主体と真理の問題化がどのような点で重なり合い、どのような点でぶつかり合うのかということについて考察しました。今日は、フーコーのパレーシアと精神分析の関係について、皆さんのお話を伺いながら考えたことをお話ししようと思います。

フーコーが「真理の語り」として定式化したパレーシアについてですが、まず考えるべきは、フーコーのパレーシアにおいて、真理のステータスとはどのようなものか、ということです。この点に関して、フランスにおける分析哲学の第一世代にあたる哲学者ジャック・ブーヴレスが、『ニーチェ対フーコー』という、フーコーの真理論を批判した著作において面白い指摘をしています。ブーヴレスによれば、フーコーのパレーシアにおいて問題になっているのは、「真理を語ること」つまり、語りの対象となる名詞としての真理ではなく、「真なる仕方で語ること」、つまり副詞的な、語りないしは言語行為の様態として真理だということです。翻っていえば、フーコーのパレーシアにおいて、何を語るかという問題、つまり真理をめぐる意味論的な問題は後景化するということであって、これはさきほど堀尾さんが指摘された、八〇年代のフーコーにおいては「真理そのもの」についてはむしろ固定されて、問われなくなったという論点にもつながるように思います。

一方、精神分析の中心的な概念は無意識です。フランスの分析哲学者ヴァンサン・デコンブは「副詞的無意識」という興味深い論文において、精神分析的な無意識というのは、名詞（実体）でも形容詞でもなく、副詞、つまり「無意識的な仕方で」という、行為、とりわけ言語行為の様態であると指摘しています。その際、デコンブが念頭に置いているのは、さきほど上尾さんも触れておられた、言表内容の主体と言表行為の主体の分裂をめぐるラカンの議論だと思います。ラカンによるならば、言表内容の主体から区別される言表行為の主体こそが、無意識の主体なのです。

ところで興味深いのは、ラカンがセミネール十一巻『精神分析の四基本概念』においてこの問題について論じる際、それを嘘つきのパラドクスと関連づけているという点です。つまり、分裂した主体である無意識の主体は、真理ではなく嘘、あるいはより正確にいうならば、嘘を通じてのみはじめてあらわになる真理に結びついているのです。

さきほど森元さんが、パレーシアというのは、言表内容の主体であることではなくて、言表行為の主体になることであると指摘しておられました。その意味ではフーコーのパレーシア論においても、言表内容の主体と言表行為の主体のずれがあるとは言えるのかもしれませんが、その反面フーコーは、言表内容の主体と言表行為の主体の一致を、パレーシアを特徴づける重要な要素として挙げてもいます。こうしてみると、フーコーにおけるパレーシアという言語行為と、精神分析、とりわけラカンにおける無意識的な言語行為の間には、主体の一致と分裂、あるいは真理と嘘という形で、対立があるように見えるのです。

嘘つきのパラドックス

柵瀬　それではこの対立についてどのように考えればよいのでしょうか。私はそのための手掛かりの一つが、フーコーの文学論にあるのではないかと思っています。一九六〇年代フーコーは、一九六四年の「狂気あるいは作品の不在」や一九六六年の「外の思考」といった文学論を執筆していたわけですが、その中で、論理学的な言語と対比させつつ、文学的な言語の特徴を明らかにしています。その際、フーコーが言及するのが嘘つきのパラドックスです。ラッセルやタルスキといった論理学者たちは、対象言語とメタ言語を分けることで、嘘つきのパラドックスを回避しようとします。タルスキが展開する意味論的な真理分析の核になっているのも、こうした対象言語とメタ言語の階層区分です。ところでフーコーによれば、文学的言語を特徴づけるのは、対象言語とメタ言語を明確に区別することができないことです。コードとメッセージという構造主義的な用語を用いるならば、文学的な言語とは、コードとメッセージの両者を短絡させるような言語なのであって、それゆえ既存のコードを転覆させる危険をはらむものなのです。したがって、フィクションの言語である文学的言語においては、論理学的言語のような仕方で真理と嘘とを区別することができないのです。

ところでフーコーは、「狂気あるいは作品の不在」において、こうした文学的言語のあり方は、フロイトによる精神分析の創設以降の狂気の言語のあり方と同型であると指摘しています。フーコーによれば、後者の言語を特徴づけるのも、こうしたコードとメッセージの短絡なのですが、フーコーが「構造的に秘教的な言語」と呼ぶこれらの言語は、論理学的な真理論がしたようなやり方で嘘つきのパラドックスを回避することができないのです。ところでフーコーが、フロイト的な言語を、構造的に秘教的な言語として位置づけるとき、彼の念頭に、ラカンによる構造主義的なフロイト読解があったことは明らかです。

フーコーが一九六〇年代に展開した文学的言語をめぐる思索は、さきほど確認したような無意識的な言語行為をめぐるラカンの分析に接近しているように思われるのです。だとすれば、パレーシアという言語行為と無意識的な言語行為の間に見られた対立関係は、文学的な言語という第三項を考慮に入れた上で、あらためて考え直されるべきなのではないかと思うのです。

パレーシア的言語行為と言語遂行的《パフォーマティヴ》な言語行為との対比

柵瀬　ところで、この点を踏まえつつ、フーコーのパレーシア論について考えてみると、一見すると対極的に思われる、パレーシア的な言語行為と、文学的な言語や精神分析学的な言語によって体現される、構造的に秘教的な言語が、いくつかの共通点を持っていることに気づきます。たとえば、さきほども指摘した通り、フーコーは文学論においてと同様にパレーシア論においても、真理をめぐる意味論的な分析を注意深く避けています。

さらに興味深いのは、フーコーが一九八二年から一九八三年にかけてのコレージュ・ド・フランス講義『自己と他者の統治』で行った、パレーシア的な言語行為と、オースティンらによって定式化された言語遂行的《パフォーマティヴ》な言語行為との対比です。フーコーによれば、言語遂行的な言語行為が、社会的な慣習や取り決めといったコードを前提とし、それに依拠することではじめて実効性を持つのに対して、パレーシア的な言語行為とは、その遂行を通じて、既存のコード自体を転覆するようなリスクをはらむ言語行為です。このようなパレーシア的な言語行為の特徴づけは、フーコーが一九六〇年代の文学論で行った、メッセージとコードを短絡させることで、コードを転覆させるような言語のあり方としての、構造的に秘教的な言語の特徴づけを想起させるものなのです。

　それゆえ、フーコーが一九八〇年代に特権的な分析対象としたパレーシア的な言語行為と、一九六〇年代に彼が強い関心を抱いた、文学的な言語や無意識の言語のような、構造的に秘教的な言語の関係がどのような関係を持つのかについてあらためて検討してみることは、フーコーの真理論がもつ哲学的な射程を明らかにする上で、重要な意味を持つのではないかと思います。

　『フーコー研究』は、こうした課題に取り組む上でも重要な道標となってくれるだろうと思います。たとえば、「パレーシア／神／倫理」と題された『フーコー研究』の第七部を、「言語／文学／芸術」と題された第三部、それから「狂気／人間／精神分析」と題された第四部とあわせて読んでみることで、真理とフィクションの関係をめぐるフーコーの錯綜した思考を理解するための新たな手掛かりを得ることができるのではないか、みなさんのお話を伺いながら、そんなことを考えました。

立木　文学の問題に入りたいのですが、その前に、森元さんは「主体の生と死」というプロブレマティークとのかかわりで、藤田公二郎さんに言及されていました。藤田さん、この点いかがでしょうか。

フーコーをフーコーのやり方で読む

藤田　森元さん、ありがとうございました。森元さんは、私の論文と松本さんの論文を対立的に取り上げていらっしゃいました。今日は松本潤一郎さんがおられないので、たいへんやりにくいのですが、しかしそうしたお話がありましたので、何も応答しないですますわけにはいかないだろうと思います（それにこの点をめぐっては、こちらの意図が必ずしも十分に伝わっていないところもあるように思われましたので）。

松本さんの論文と私の論文は、実際、だいぶ異なる見立てをしているように思います。森元さんが触れられていた通り、松本さんは結論として、「（フーコーの思想においては）始めから主体は死者だった」と書かれています。私の見るところ、この一文はいくぶん曖昧で、二通りの意味に取れるような表現になっているのではないかと思います。一方では、主体は始めから死んでいるので、存在しないという意味に取れますし、他方では、主体は始めから死者として（潜在的に）存在していたという意味にも取れます。つまり、主体は存在せず、また存在すると。松本さんの論文では、このどちらの意味にでも取れる表現を使って、初期フーコーから後期フーコーまで一様に説明しているように思われました。

しかしそうしてしまうと、フーコーの思想の展開を平板化してしまう恐れはないでしょうか。彼は、伝統的な主体の哲学から逃れようと様々に試行錯誤し、その結果ようやく逃れたけれども、やがて別の仕方で主体の問題を捉え直していったように思います。これは、どうでもいい変化のプロセスではなく、その一つ一つが意義のある労苦の作業です。松本さんの表現では、そうしたフーコーの一連の労苦が評者本位に均されてしまうような恐れがあるように思いました。

このことは、どうやってフーコーを読むのか、フーコー像を捉えるのかという重田さんの問題提起にもつながってきます。小泉さんがおっしゃるように、今回の共同研究では、フーコーの著作や講義に立ち戻って、一種の古典として読むということが問題になっていました。立木さんもこの論集のあとがきで、フーコーの『コレージュ・ド・フランス講義』全一三巻の刊行がフランスで完了したことが、共同研究を進める大きなきっかけになったと述べていらっしゃいます。さらにはその後、フーコーの主要著作が収められたプレイヤード版や遺作『肉の告白』も刊行されました。まだいくらか草稿や読書ノートなどの未刊行資料が残っているとはいえ、これでフーコーの主要なアルシーヴはおおよそ整ったと言えます。今回重要だったのは、このアルシーヴ全体を受け止めてフーコーを論じるということでした。重田さんが言われるように、フーコーの議論について論拠は妥当か、「裏は取れるか」を思想史的に検討していくことはもちろん大事ですが、しかしそれよりも前に、まずはフーコーの言説それ自体に立ち返り、彼の思想をきちんと理解することが先決問題だったのです。

では、どうやってフーコーを読むのか。私の場合、フーコーをフーコーのやり方で読む、つまりフーコーの言説分析をフーコー自身の言説に対して行うということを試みています。そうやってフーコーを読みますと、先ほどの新自由主義の議論には、個人的に少し不満なところがないわけではありません。私たちはおそらく今なお新自由主義の時代に生きているので、どうしてもフーコーの新自由主義論の内に、現在の状況を読み解く鍵を求めてしまいがちです。しかしフーコーは何も新自由主義だけを取り扱いたかったわけではありません。彼がなぜ、どのような文脈でそれを取り扱うに至ったのかということを十分押さえておく必要があります。

彼は経済思想史家ではなく、広い意味での哲学的な歴史家でした。ですから、そこに哲学的な企図があったことは明白です。それは、人間をめぐる知と権力のシステムを明らかにするということだったと思います。一九六〇年代には、『言葉と物』などで人間学的な知を取り上げ、七〇年代に入ると、それを下支えする権力装置が検討されました。そこで、生権力論や人口論、ホモ・エコノミクス論などが問題になってくるわけです。そうした大きな哲学的仮説のなかでフーコーが何をしようとしたかを見ていかなければなりません。

『言葉と物』が出版された当時、その大風呂敷の議論に合わないものがいろいろあるという批判が散々あったわけです。今回もまた、フーコーの議論に合わないような新自由主義の主張がいろいろあり、フーコーは話を単純化しているというような論調になってしまえば、そうした些末な批判をもう一度ここで度繰り返してしまうことになりかねないのではないかと思いました。もちろん、フーコーの哲学的企図がどこかで間違っている可能性はあります。しかしまずは最初に、彼がやろうとしたことをきちんと取り出すということが基本的な作業になるのではないかと思います。

『言葉と物』から『知の考古学』までの間で

藤田　私は大学院時代から、フーコーにおける主体の問題について研究してきました。フーコーは、よく知られているように、最初、近代的な主体の哲学から抜け出そうと盛んに試行錯誤を繰り返しますが、その後一定の「空白期間」を経て、晩年に「主体化」の概念を提出するに至ります。これはしばしば、謎めいた「主体への回帰」として語られてきたものですが、先行研究ではこれまで、そうしたフーコーの思想的展開に対して、理論的に一貫した説明を十分に与えてくることができなかったように思われました。それゆえ私は、フーコーが主体の問題をめぐってどのような議論を展開していったのか、その労苦の作業を初期から晩期まで一つ一つ辿り直すことにしました。

その際、フーコーの言説分析をフーコーの言説自体に行うことによって、そこにどのような言説規則の変化が、言説形成の切断が見られるかを検討してきたのです。もちろんフーコーは、よく指摘されるように、絶えず変化しながら、自らの過去の仕事を繰り返し回顧的に捉え直しています。ですから、フーコーの言説には、過去のテーマが再帰的に何度も登場してきます。それを見ると、フーコーの問題関心はずっと連続しているのではないかと考えてしまいがちです。しかし、再帰的に繰り返されるからといって、必ずしもただちに連続していると言えるわけではありません。そこはやはり丁寧に、フーコーの各時代の言説を分析していく必要があります。

例えば、先ほどからたびたび話題になっている生と死のテーマについてもおおよそ同様のことが言えます（生死のテーマと主体の有無のテーマは、レトリック上交差することがあるので紛らわしいですが、必ずしも同じ問題ではありませんので、一緒くたに論じないよう注意が必要です）。生死のような大きなトピックであれば、大思想家と呼ばれる者なら大抵何かしらの仕方で話題にしているものですが、フーコーもその例外ではありません。しかし、フーコーのテクストに生死の用語がしばしば見られるからと言って、必ずしも彼の思想がその間ずっと何も変わらなかったということにはなりません。生死がどのような言説のなかで語られ、どのように問題化されているかをその都度検討する必要があります。それをすれば、ビンスワンガー論や初期文学論に見られる生死の用語が、生権力や自己の技術を論じているときの生死の議論と同一の問題機制に属しているなどとは、容易には言えないだろうと思います。

それでは、主体の問題についてはどうでしょうか。私の論文では、六〇年代後半、『言葉と物』から『知の考古学』までの間にフーコーの言説に大きな変化があるのではないかと見ています。この変化以前にあっては、「主体の死」のテーマのもとで何とか伝統的な主体から逃れようとしていたように思いますが、変化以後になると、別の仕方で主体の問題に直面することになり、その脱中心化された主体を知や権力、倫理の問題系を通じて段階的に捉え直していっているように思われました。拙論では、そうした思想的展開を概略的に辿り直しています。

〈動物〉でも〈物〉でもなく「主体化」へ

藤田　最後に、論文のタイトル「主体とは何か」について少し説明させてください。というのもそれは、拙論の企図を端的に表したものだからです。このタイトルは、フーコーの論文「作者とは何か」に由来しています。フーコーはこのテクストで、当時流行していた「作者の死」の標語を退けつつ、新たに作者概念を捉え直しました。私も今回の論文では、その顰に倣って、いまだ現代思想の強迫観念となっている「主体の死」の標語を退けつつ、新たに主体概念を捉え直すよう試みました。もっとも、この捉え直しの作業はけっして容易ではありませんでした。

というのも、今日、それを妨げるいくつかの観念が存在しているように思われたからです。

例えば、ポストモダン思想でしばしば論じられてきた〈動物〉や、近年では、思弁的唯物論などで問題にされてきた〈物〉などの観念がそうです。周知の通り、〈動物〉も〈物〉も、「主体の死」あるいは「人間の死」の哲学的文脈において価値づけられてきたものです。もう人間主体については語れないので、次は〈動物〉だ、〈物〉だというふうに。しかしフーコーの議論を踏まえると、これらの観念も実際には多くの場合、逆説的ながら、人間学的なエピステーメーの内に――たとえその限界であったとしても――とどまっているように思われました。これらの「限界観念」のために、私たちは今もなお人間学的なエピステーメーの縁につなぎとめられてしまっており、そこから抜け出すことができないでいるのです。

それゆえ、〈動物〉や〈物〉を退けた上で、改めて主体の問題を捉え直す必要があるように思われました。そうして最終的に辿り着くのが、フーコーの主体化概念です。この概念に依拠することで、私たちはもはや伝統的な主体の哲学へと反動的に回帰することなく、私たち自身の存在を改めて問題にすることができるようになるのではないかと思います。今日、私たちが置かれている生存環境がいっそう不安定で予見し難いものになっているだけに、そのことの意義はけっして小さくないように思われます。拙論では、そうしたことについて詳しく議論を展開しました。今日、私たち自身の存在を問題にしたいのに、そのための適当な用語が見つからないという方に、ぜひ読んでいただけたらと思っています。どうもありがとうございました。

立木　もうおひとり、やはり生と死の問題という観点から、森元さんが「まったく思いがけないこと」を教わったとおっしゃっていたのが相澤伸依さんの論文です。

中絶解放運動にフーコーが何を見ていたのか

相澤　私の論文「フランスの中絶解放運動とフーコー」は、フーコーの思想を真正面から論じるものではない点で、この論集の中で少し毛色が違うものになっているかと思います。重田さんは、中絶解放運動という実践に軸足を置いてフーコーを論じていると指摘してくださいました。

この論文を書いた動機について少しお話しします。私の専門は倫理学ですが、生命倫理について論じるときには、フーコーの思想がしばしば使われます。最たるものが「生権力」という概念です。フーコーは『知への意志』の中で、人間の生と身体に介入する生権力の働きこそ、近現代社会を特徴づけると見ています。近現代社会において、性は特権的に重要な位置を占めます。なぜなら、性は、再生産に関わることで、個人の身体と集団としての人口をつなぐ媒介の役割を果たすからです。その意味で、避妊や中絶といった性をめぐる営みは、まさに「生権力」が働く場だということができるでしょう。この点をふまえれば、性をめぐる生命倫理の問題を「生権力」という観点から論じることは至極自然だと思われます。

一方で、フーコーが中絶の問題について直接的に発言していた事実はあまり知られていないことが気になりました。フーコーが生権力という概念を温めていた一九七〇年代前半のフランスにおいて、中絶を合法化するか否かは社会を二分する大きな社会問題になっていました。フランスでは、一九七五年に「ヴェイユ法」が施行されるまで中絶が禁止されており、一九七〇年代前半は中絶解放運動が活発に展開された時期に当たります。この中絶解放運動で大きな役割を果たした団体の一つに、ＧＩＳ（Groupe Information Santé 健康情報グループ）があります。フーコーのＧＩＰ（Groupe d'information sur les prisons 監獄情報グループ）へのコミットメントは有名ですが、実は彼はＧＩＳの活動にも関わっていました。関連文書の中でフーコーは、この団体の一員であることを明確に認め、中絶のあり方について具体的に発言しています。

そこでこの論文では、一九七〇年代フランスの中絶解放運動の息吹を伝えるとともに、フーコーが中絶というまさに生命倫理の問題を真正面から語っている事実を紹介しようと考えました。そして、フーコーの実践とそこに見られる思想的意義を論じたいと思いました。

中絶解放運動にフーコーが何を見ていたのか。論文では、「堪え難さ」「秘密」「情報」という三つの言葉を手がかりにして考察しました。「堪え難さ」は、フーコーが関わった監獄をめぐる運動にも中絶をめぐる運動にも登場する、重要な言葉です。フーコーにとって中絶解放運動とは、ヤミ中絶という事態に端的に表される、女性たちが生きる様々な意味での「堪え難さ」を解決しようとする運動だったと言えるでしょう。安全な中絶の可能性を「秘密」にすることによって保たれてきた医師と警察と司法の癒着を「情報」によって暴き、その癒着が生み出してきた女性たちの「堪え難さ」を解決するのです。

「あることがないことにされる堪え難さ」への抵抗

相澤　加えて私は、フーコーが思想面でも実践面でも一貫して表明してきた「あることをないことにする」事態への違和感に引きつけて、中絶解放運動へのコミットメントを理解することを試みました。

中絶非合法下のフランスにおいて、中絶は「ない」ことにされてきました。それは、とりわけ次の三つの点においてです。まず、現にヤミ中絶が行われているのに、その存在やそこから生じる悲惨な事態は、法による禁止という仕方でないことにされてきました。二つ目に、効果的な避妊法や安全で簡便な中絶法があるのに、その知識は流通せず、ないことにされてきました。最後に、女性たちは妊娠と中絶をめぐって確かに堪え難い現実を生きているのに、その経験は語られず、ないことにされてきました。このように、ヤミ中絶をめぐる事態と経験は、三重の意味で「ない」ことにされてきたのです。ここにフーコーの中絶解放へのコミットメントの核心があると私は考えます。

フーコーの仕事を眺めてみれば、「あることがないことにされる」事態こそ、常に問われてきた問題系だとわかります。彼にとって、あるということ（positivité）は、哲学的営みの源です。フーコーは、存在した言説を手掛かりに系譜を明らかにする実証主義者を自称していました。あるものを見せなくする思考の読解格子を明らかにするのが彼の考古学的仕事であり、あるものをないことにする力の働きを明らかにするのが彼の系譜学的仕事と言えるでしょう

実践面にも同じ問題系が見られます。監獄の堪え難さが現にあるにもかかわらず、その情報が流通しないことによって、ないことにされている。それゆえ、ＧＩＰは、あることを明示する情報、つまりは当事者の語りを流通させる活動を行いました。

このように、フーコーは思想面でも実践面でも一貫して、あることをないことにする事態に、問いや堪え難さを見出してきました。中絶解放運動に見ていたものもまた、この問題系であると思われます。フーコーが中絶解放運動に見出す思想的意義とは、彼の他のあらゆる思索、実践と同様に、「あることがないことにされる堪え難さ」への抵抗であったというのが私の結論です。

本論文を通じて、中絶解放運動というフーコーの知られてこなかった実践と、その思想的意義が伝われば嬉しく思います。

無味乾燥化する「文学」とは何か

立木　いよいよ文学論・芸術論に入りたいと思います。上田和彦さん、森本淳生さん、武田宙也さんの順番でご発言をお願いできますか。

上田　はい。森元さんのコメントの意味を分かりやすくするために、私がなぜ「文学はどうすればいいのか」と問いかけて論文を締めくくったかについて説明したいと思います。フーコーは一九七〇年、日本で行われた鼎談「文学・狂気・社会」のなかで、「侵犯としてのエクリチュールの無味乾燥化」を口にし、「文学」を見限るような発言をしています。私は論文のなかで、フーコーが当時指摘しようとした無味乾燥化する「文学」とは何を指しうるのかを、鼎談でのフーコーの説明を参照しながら、一九七〇年以前の文学論だけに限ることなく、あえて一九七〇年以降のフーコーの権力論を視野に入れて考察しようとしました。

まず前期フーコーがブランショ・バタイユ・クロソウスキーに代表されるエクリチュールの

いかなる特徴を体制転覆的と見なしていたかを分析し、名指す事物と語る者から切り離される言葉、語る主体の同一性を崩壊させる言葉を解き放つエクリチュールが、とりわけ、規律的権力‐知によって「個人」が様々な調査装置を通して同定され、客体化・臣従化される社会に対して「外」にあると見なし、前期フーコーが重視していた「文学」は、規律権力が優勢だった社会の諸規範に対して侵犯的な効果を持つという見方を示しました。次に、社会の「外」にある「文学」から、社会のまっただなかで規律権力に対抗する言説へと関心が移っていくとともに、権力の効果として近代文学の潮流を捉えていくフーコーの議論を踏まえて、規律権力が後退し、新自由主義的統治性が擡頭してくる「市民社会」にあっては、規律権力の「法」を侵犯することができた狭義の「文学」は、もはや対抗する相手を失って効果を発揮しないという考え方を示しました。

そこで森元さんのコメントに戻りますと、森元さんがこの論集の執筆者に事前に送ってくれたメモには「ネオ・リベラリズム的な全面的等価性（という表現そのものはジャン＝リュック・ナンシーによるが）の浸透のなかで、「好きなように書く」ことそのものが幾重にも意味を失うのではないか」とありました。

私の論文は、新自由主義的統治性が擡頭してきた「市民社会」のなかでは、規律権力に対抗する狭義の「文学」だけでなく、文学一般も、私的利害なき「利害関心」を満足させようとするホモ・エコノミクスたちの「合理的」行動を放任せざるをえない統治、それでも、自分たちの「合理的」行動がスムーズに行われるために安全装置を設えるように自ら要請してくる「市民社会」に応えて環境タイプの介入を行う統治に対して、何か有効な抵抗をなすことができるのかという問いかけで終わっています。ですが森元さんは、文学だけでなく、もっと広い意味で「好きなように書くこと」、ひいては、この論集のように「「忌憚なく、腹蔵なく」なんでもあるがままに言ったり書いたりすること」が意味を失うのではないかというところまで問うべきだと言っているように感じました。

私もこの問いを立てなければならないと思っています。本日の合評会の議論に水を差すようで恐縮ですが、このような真面目な議論も無効になってしまうのではないか、と危惧します。大学人による研究会とその成果としての論文集という制度のなかに閉じこめて、そこだけで自由にものを言わせる「寛容さ」を持つ「市民社会」に対して意味を持つのか、と。かといって、それが無駄だと言いたいわけではありません。閉じこめようとした制度をはみ出てくる「危険な」言説に対しては、「市民社会」と統治権力はタッグを組んで恫喝してくるでしょうから、そこを主戦場と考えて戦略を練る必要はあると思います。

パレーシアに活路はあるのか

上田　このような問いを立てたうえで、森元さんが最後に触れられたように、パレーシアに活路はあるのかを考えなければならないと思います。フーコーはパレーシアに、単純な活路は見出してはいなかったのではないかと思います。その理由は長くなるので詳しくは述べませんが――よろしければ拙論「告白とパレーシア」（『思想』二〇一九年第九号）をご覧になって下さい――、端的に言えば、パレーシアは、それを聞く者たちに対しては他者による導きになるということもフーコーは指摘していたのであって、真の生をこの世に求める「自己の技法」としてのパレーシアの後に、同じように真の生を――ただし彼岸に――求める信者たちに、本当のことを告白させて臣従化するキリスト教的司牧権力の「支配の技法」が生まれていった歴史をフーコーが重く受け止めなかったとは思えません。

ストア主義とキュニコス主義の自己修練をあれほど熱く肯定的に語った後に、フーコーは初期キリスト教の隠者の修徳主義を紹介していますが、キリスト教においては、真の生に向かおうとする自己陶冶が、他者から指導されない者は枯れ葉のように朽ちると批判され、共同生活を送る修道院のなかで他者による導きが優勢となり、結局のところ、司牧権力による告解の制度が生まれてくるということをフーコーは足早に語っています。パレーシアが告白に反転していったこの歴史的経緯を重視するなら、私たちはパレーシアにそう簡単に活路を見出すことはできないと思います。それでもフーコーは様々なパレーシアを検討しながら、それを聞く人々の服従化には導かない可能性を、歴史上実際には起こらなかったにせよ見つけようとしていたとも思えます。

この論集では、小泉さんが「死にゆく人間のまなざし」に、廣瀬さんは「死を恐れるのをやめること」に活路を見出そうとされています。それぞれが緻密な考察の末に出された考え方であり、私たちのような研究者は実に刺激されます。

小泉さんには、「死にゆく人間のまなざし」によって司牧権力に対する革命的運動がひとつの主体のなかで開始されるとしても、それが人々に広く共有され、キュニコス主義的な「開かれた戦闘性」を獲得する必要はないのか、その必要があるのなら何らかの組織的な形態が必要なのか、もし必要ならキュニコス主義的戦闘性は、組織的な形態において服従の契機を入り込ませることなく維持されるのか、と問いかけたいです。

廣瀬さんには、「死を恐れるのをやめること」をどのように語れば、ホモ・エコノミクスたちの損得勘定を攪乱するような効果を生みだすのかと問いかけたいところです。しかしながら、そうやって研究会の枠組みでいかに真面目に議論して、その「成果」を「市民社会」に対して真面目に差し出しても、もはや効果がないのではないかと危惧してしまいます。

『言葉と物』以後の文学をめぐる模索の内実

森本　重田さん、森元庸介さん、コメントをありがとうございます。森元さんには論集の文学論にも言及していただきました。大変光栄です。

先ほど上尾さん、柵瀬さんがおっしゃっていたことにつなげて言いますと、言表内容と言表行為の分裂がやはりポイントですね。『外の思考』の冒頭で挙げられている嘘つきのパラドックスはまさにその問題を扱っていました。ラッセル的に、言表内容と言表行為をそれぞれ別のレベルに位置づけることで、このパラドックスを回避する方法もありますが、しかしそうしないで両者を通底させ、言表内容と言表行為が同じレベルに位置づけられていく先に出てくるのが「主体なき言語空間」のようなものだと思います。それが『言葉と物』ではマラルメや精神分析の話につながっていき、本の最後では有名な「人間の消滅」が語られる。これが一九六六年ごろのフーコーの思想のありようでした。

これに対して、言表内容の次元と言表行為の次元を分けず、そしてそれを「主体なき言語空間」の方へと持って行かずに、「私は嘘つきだ」という語りの「行為」を引き受けるならば、そこにはある種の主体性は出てきます。ある現実の状況において「私は言う」という具体的な言表行為をどのように捉えたらいいのか、という問題です。ただ、それを素朴に主体性と呼んでしまっては元も子もないので慎重に議論しなければならない。一九六七年以降に講演などでフーコーが展開した文学論から伺えるのはそうした問題系です。

これについては近年、未刊行であった重要なテクストがいくつか出版されました。まず、二〇一三年の『大いなる他者〔*La grande étrangère*〕』（これは柵瀬さんの翻訳で、ちくま学芸文庫から『フーコー文学講義——大いなる異邦のもの』というタイトルで近刊予定と伺っています）、それから、二〇一九年に出た『狂気、言語、文学〔*Folie, langage, littérature*〕』に収められた講演原稿です。このうち私の論文ではとくに、一九七〇年三月にニューヨーク州立大学バッファロー校で行われたサドとフローベールを扱ったふたつの講演を取りあげ、六〇年代半ばの思想と比較しながら、フーコー「文学論」の変化と新たな射程を見ることを試みたのですが、その前提として六七年のいくつかの講演原稿から、『言葉と物』以後のフーコーが「言語外的なもの」に強い興味をいだいていたこと、とりわけ発話状況を重視したルイ・プリエートや言語行為論を展開したジョン・オースティンに着目していたことにも注意を払いました。

いずれも『知の考古学』の言説や言表をめぐる理論的省察では批判的に乗り越えられることになる対象ですが、そうした分析を通して戦略的な言表行為のあり方を考えようとしていたことが、この当時のフーコーのヴィジョンとして見えてきたように思います。いずれにせよ、これまでほとんど知られていなかった『言葉と物』以後の文学をめぐる模索の内実が、この二冊の刊行でだいぶ分かってきました。

一九七〇年のサド／フローベール講演

森本　「主体なき言語空間」から戦略的な言表行為への転換は、一九七〇年にバッファロー校で行われたサドとフローベールの講演にもはっきりと読み取ることが可能です。フーコーのフローベール論としては、六四年初出の「幻想の図書館」が有名ですが、そこでは『聖アントワーヌの誘惑』という作品が、すでに言われたり書かれたりした言葉の無数のつぶやきがなす構造体として分析されていました。『ブヴァールとペキュシェ』を扱う七〇年の講演にも同じような無限反復する言語空間という論点が見られますが、それをオースティンの言語行為論を参照することで、非規範的な言語実践の方へとずらしていきます。

サドに関しても、六〇年代のテクストでは、それ以前に存在した言説の反復とか、「図書館」やマラルメ的な「唯一の書物」といった「主体なき言語空間」のターム、構造主義的なイメージを通してサドが特徴づけられていたのに対して、七〇年の講演ではサドやその人物たちが展開する議論の非規範的な言説編成を分析することに多くの紙幅が費やされています。たとえば、サド的言説には「脱去勢」機能とでも呼ぶべきものがあるとフーコーは言います。

西洋の伝統的言説では、存在論のレベルでは肯定的で、神・魂・法・自然の存在を認めるが、欲望と道徳のレベルでは「……するなかれ」と否定的である、これに対してサドは、存在論のレベルでは否定的で、神・魂・法・自然の存在を否定するが、欲望と道徳のレベルでは否定性を排除し、欲望を決して諦めない肯定性を主張する、というわけです。問題は、これを単なる欲望の解放のように捉えるのではなく、言説・真理・欲望の新たな分節化のあり方、すくなくともそうしたものを示唆するものとして捉えることでしょう。サド講演の言い方ですと、「真理の欲望機能」と「欲望の真理機能」が「同じリボンの両面」として相互に分節化しあうような次元が問題なのですが、この点では、フーコーの文学論にはいまなおアクチュアルな考察が含まれていると考えます。

その先に、森元さんが言及してくださったパレーシアとキュニコス派の問題が出てくるわけですね。『真理の勇気』でフーコーは古代哲学の言説を徹底して反転させることで、ディオゲネスのような人が出てきたと論じています。今回の論文では紙幅の関係で簡単にしか触れられませんでしたが、私が最後に強調したかったのは、そうした言説の反転の仕方が、七〇年のサド/フローベール講演で問題となった、規範的言説の非規範的な転換の実践となにか通底しているところがあるのではないかということです。実際、ディオゲネスが実践した生とは、古代哲学が言う「真なる生」の四つの契機を極限にまで徹底しスキャンダラスに反転させるものでした。たとえば、哲学の言う「隠蔽されざる生」に対しては人前で自慰をするような「恥知らずの生」が対置されるわけです。周知のとおり、フーコーはこうした意味での「キュニコス主義」を「超時代的な」なカテゴリーに仕立て上げ、キリスト教的苦行や、秘密結社・前衛政党・アナーキズム・テロリズムなどとともに、近代芸術をそのひとつに挙げました。ボードレール、フローベール、マネ、サドといった名前もまた晩年のフーコーが口にするようになったものでした。武田さんがその時期のボードレール論を論じていますが、フーコーがもっと長生きしていたら、文学論にどういう展開があったのかということにはとても興味があります。

バッファロー校のサド／フローベール講演が行われたのが七〇年の三月、コレージュ・ド・フランス開講講義である『言説の領界』が行われたのがその年の一二月です。『言説の領界』では言説を統制する様々な手段が分析されましたが、こうした言説統制の規範的一般的なシステムに対して、それとは別様の非規範的な言説編成のあり方を具体的に探ったのがサド／フローベール講演であったとまとめることができるでしょう。

『言葉と物』の最後では「人間の終焉」以後の新たなエピステーメーのあり方を示唆するものとしての文学、とりわけマラルメに重要な位置が与えられていましたが、言説分析一般を押し進めるなら文学が特権化される理由はあまりありませんし、上田さんがその理由を分析されたように七〇年代のフーコーは文学に対して否定的な言葉を述べるようになります。論文では、ぎりぎりなんとかこのあたりまでは言えるかなと、やや苦しい見得を切ってみたわけですが、それでもこの七〇年の講演をパレーシア論につなげるラインには、現在を生きる私たちにも示唆に富むものがあると思います。とくに資料が整備されフーコー研究自体がアカデミズム業界の一部となった現在、個人的にはその優れてマイナーな分野であるフーコーの文学論の方に独特な魅力と迫力を感じています。

フーコーのイメージ論

武田　私の論文は、第Ⅲ部の言語／文学／芸術の最後に位置しています。このテーマのなかではフーコーの文学論に言及されることが多いですが、そのイメージ論について言及されることは少ない。この研究班自体が、フーコーのコーパスが出揃った時点から、あらためてフーコーを読み直してみようという企図で始まったものですので、そういう企図に沿ってフーコーのイメージ論をまとめなおしてもいいのではないかと思いました。

ドゥルーズやデリダといった同時代の他の哲学者と同様、フーコーの思想体系においても、哲学、歴史、社会などに対する洞察と並んで、芸術論は主要な位置を占めています。とはいえ、いま申し上げたように、フーコーの芸術論ということで取り上げられることが多いのは、どちらかというと初期の文学論であり、それに対して視覚芸術についての考察、つまりイメージ論のほうはそれ自体として検討の対象となることはあまりありませんでした。

また、イメージ論に目が向けられる際にも、そこではたいていの場合、『言葉と物』のベラスケス論、『これはパイプではない』のマグリット論、『マネの絵画』のマネ論といったいわば「お決まりの」論考が個別的に参照されるのみで、他の（よりマイナーな）論考も含めたフーコーのイメージ論の全貌に光があてられることはまれでした。もちろんこれには、フーコーのイメージ論が彼のエピステーメー論の「例証」――「可視化」されたエピステーメーとしてのイメージ――という役割をある程度は担ってきたことにも原因があるでしょう。

上記の主要三論考についても、しばしばこのような読まれ方をすることによって、それらを貫く、あるいはそれらを生みだした彼の美学的な思考のほうに関心が向けられることは妨げられてきた傾向があります。言い方をかえれば、フーコーのイメージ論はこれまで、彼の思想的歩みにとっては「逸話的なもの」の地位に甘んじ、その思想との密接な連関のうちに読み解かれることは多くなかったわけです。これに対して私の論文では、フーコーが晩年に示した「現代性《モデルニテ》の美学」とでも言いうる着想から出発して、その総体的な把握がいまだ十分ではないフーコーの芸術論にひとつの可能的な読解の道筋を通すことを試みました。

「真にアーカイヴ的な芸術」としてのマネ

武田　もちろん現代性《モデルニテ》をテーマとする以上、マネを避けては通れませんし拙論でも取り上げています。ただ、有名な『マネの絵画』のマネ論は、現在の観点からするとある意味でベタなモダニズム（グリーンバーグの影響が多分に感じられるそれ）の圏域にとどまっているところもあります。一方で、別の論考には違った解釈を許す余地もあり、むしろそちらを後期フーコーの思想とつなげることによって、新たな読み筋を示せるのではないかと考えました。

注目したのはボードレールの「現代性《モデルニテ》」概念です。フーコーは晩年に発表された論考のなかでこの概念を取り上げ、みずからの思想にひきつけるかたちで理論化しています。フーコーによれば、ボードレール的現代性は、「現在の永遠化（英雄化）」「現在の変形」「自己の彫塑（創出）」という三つの運動の相即的な絡み合いとして、またとりわけ芸術の営みに見出せるそれとして理解されます。フーコーは六〇年代の論考で「真にアーカイヴ的な芸術」というマネ観を示唆していますが、これは現在と過去の異化作用という観点からマネを現代性の美学の体現者とみなすことを可能にします。マネとフーコーには、作品＝世界のアーカイヴ的構成という理想が共通して見られるのです。一方、ボードレールの現代性論においては想像力の観念が重要な役割を果たしますが、フーコーが五〇年代に展開した想像力論にも、現代性の観念を踏まえて読み直すならば、その萌芽とみなすことができるような論点がすでに含まれていました。想像力とは現実に対するある種の働きかけであり、さらには世界を変形する能力である、という主張です。先にふれたマネ論のなかで「想像的なもの《イマジネール》」が「現実的なもの《レエル》」の構成要素のあいだで展開するものとして語られていたことも考慮するならば、フーコーのなかで想像力をめぐる思考がある一貫性をもって継続していたことが推察されます。フーコー的な想像力とは、現実の諸断片をつなぎあわせたり、あるいは既存の現実に手を加えて新たなものを生み出すための原理のようなものと考えることができます。

　論文のなかでは、七〇年代・八〇年代のイメージ論まで含めて検討することによって、フーコーの美学的思考の根底に、ボードレール由来の現代性の観念が抜き差しならない形で浸透していることを示そうとしました。それは彼がボードレールの名に明示的に言及するようになった晩年に限られるものではなく、最初期の五〇年代の著作から、六〇年代、七〇年代と各年代において形はそれぞれであるものの、ある程度の一貫性をもって認められます。「現在の永遠化（英雄化）」「現在の変形」「自己の彫塑（創出）」というフーコーが最後にたどりついた三つの哲学的使命と、その蝶番となる想像力の原理は、彼の美学的思考においても、いやむしろ美学的思考においてこそ、生涯を通じて主要な役割を果たしてきたのではないでしょうか。

なぜフーコーは数学史における「断絶説」を否定したのか

立木　森元さんから事前にいただいていたコメントでは、フーコーが問題にしなかったことが引用とともに論じられる論文として、隠岐さや香さんと久保田泰考さんの論文が挙げられています。隠岐さん、久保田さん、そしてお待たせしてしまいましたが、西迫大祐さん、北垣徹さん、坂本尚志さんにもご発言いただければと思います。

隠岐　今回の機会を与えていただいたことに、まず御礼を申し上げます。個人的にはこの論集は、さまざまな視点でフーコーを読み解き、彼の思想を改めて再検討・再構成できる楽しい一冊であると思っています。私自身は、フーコーにおける「知の考古学」の試みが数学を扱いきれなかったのは何故かという問題を考察しました。

そもそも、『知の考古学』（一九六九）は科学史研究者にあまり読まれていません。これは『言葉と物』がよく言及されること、特に「エピステーメ」のような認識的枠組みの断絶的な転換を扱った書としてよく引き合いに出されるのとは対照的です。一般に科学史の歴史記述においては、科学的知識が古代から切れ目なく連続的に発展しているのではなく、ある種の認識論的な切れ目を持って断絶的に発展するという史観（以後「断絶説」）が広く受け容れられています。しかし、フーコー自身がそれをより方法論的に扱おうとした『知の考古学』への関心は低いのです。

最初にこの問題を指摘したのは、フランスの数学史研究者、ダヴィッド・ラブアンです。彼は数学史の立場から、『知の考古学』は今こそ再読されるべきとの主張を行いました。ラブアンの議論には革命的な部分がありました。何故なら『知の考古学』が科学史や数学史の研究者にさほど読まれないのには理由があったからです。フーコー自身が同書を書くにあたり、「知の考古学」にとって「数学や物理学や化学」は対象にならないと宣言していました。そこでは「生命、労働、言語」を扱う「未熟な科学」としての「人間諸科学」しか扱われないことになっていたのです。

とりわけ数学は、「知の考古学」がもっとも扱い得ない例外的な分野として記述されていました。それが、「未熟」であった過去を一切持たない、すなわち古代ギリシア世界で幾何学が出現した時に既に「完璧」だった特殊な事例であるというのです。しかし、ラブアンはこの前提自体に問題があると指摘しました。また、実は『知の考古学』からわずかに遅れる一九八〇年代において、数学史家たち自身がこのような「最初から完璧だった」数学という歴史観を否定する諸研究を発表していたことも示しました。

私の論文はこのラブアンの議論を受けた上で、なぜフーコーが数学史における断絶説を否定したのかを考察するものでした。これには謎めいた部分があります。というのも、数学史においては「断絶説」的史観が、少なくとも二〇世紀初頭には共有されていたはずだからです。有名なのは一八世紀から一九世紀における数学の変化です。ニュートン力学の発展と共に進んだ一八世紀の数学研究は、物理学的研究と明確に分離されておらず、方法的にも厳密ではないものでした。しかし、一九世紀になるとそれが大きく変化します。純粋に数学的な対象への関心が強まり、厳密性が追求されるのです。

ただし、二〇世紀初頭の「断絶説」的数学史観を支持していた数学者のフェリックス・クラインとその知人で同時代の哲学者、エドムント・フッサールの記述をよく見ると、彼らの知っていた当時の「断絶説」的歴史観が、今日の数学史で採用されている「断絶説」とは違う側面を持つことも見えてきます。まず、二〇世紀初頭の人々にとっての数学史研究は、「理性」の普遍的な発展の歴史という側面と、実際にいつ誰が何をしたのかという表層的な出来事の歴史という二種類の部分から構成されるものでした。すなわち、「理性」の普遍的発展史の観点からは、古代ギリシアと一九世紀に同じ「数学的概念」が連続していると捉えられる一方で、具体的な数学の問題解決法や主題選択の歴史（たとえば数論の研究が重視されるか否かなど）では断絶説をとる語りが可能となっていたのです。

フーコーはこの「理性」の普遍的発展史の探求という視点を否定しました。ゆえに主体なき言語空間という前提に立った「知の考古学」を試みたわけです。これにより、先に述べた数学史的探求の二重性が消滅し、理性の連続性と史実における「断絶説」とが共存できない方法論へと彼は行き着きました。また、「理性」以外に「科学性」を担保するものも必要となり、フーコーは数学をモデルとする形式化された言語にそれを見いだしました。こうして、その起源から「完全に形式化された言説」であり、かつ連続的なものとしての数学観が導き出されたのです。

フーコーがここで形式化された言語を科学性の根拠とすること自体を疑ったら、次の段階に進んだのかもしれません。実際、現代の数学史研究はそこにも踏み込んでいます。その意味でフーコーの議論は過渡期のアプローチであったといえます。しかしそれが可能になったのは、彼と彼の同世代の人々が「理性」の普遍的発展史という、史料を読む目を曇らせかねない前提を捨て去っていてくれたからでしょう。

精神分析の考古学

久保田　先ほどから話題になっている、主体と真理の関係の問題は、フーコーとラカンが一番接近するところだろうと思います。例えば、一九八二年一月六日のコレージュ・ド・フランス講義において、フロイト以降ただ一人ラカンが、精神分析の問題において主体と真理の諸関係についての問題をまさに中心に据えたのだと、フーコーは指摘しています。ある主体にとっての真理が、神経症症状において明らかにされる、そのような言説を支える実践＝制度を設立したのがフロイトであるとすれば、他方で近代精神医学は科学の名の下に、この「主体の真理」という次元を締め出すことを目指して来ました。今日例えば強迫性障害の背景にある神経ネットワークが（真理一般の次元において）精緻なレベルまで解明されるのですが、ある個人が訴える「車の運転中に誰か轢いてしまった気がする」という強迫観念において顕される真理は、その語りを聞く耳がなければ存在しえないのです。

これを精神分析の実践の側から強引に図式化すると、「症状がなければ主体はありえない」となります。私たちの社会の構成形態が神経症的になっているという現在の文脈においていえば、神経症の症状がなければ主体はありえない。実際、「アルトーが我々の言語の、断絶ではなく土壌となり、神経症が我々の社会の構成形態となる（逸脱ではなく）」（「狂気、作品の不在」(1964, 25 DE Ⅰ／C Ⅰ）とフーコーは後に語るわけです。

それを自明のこととして、私も精神科医として仕事をしてきましたが、今回『狂気の歴史』を読み直してみると、当然その「前」があったはずだと気づくわけです。つまり神経症の症状というものは、歴史的に作られてきたものであるに違いないだろうと。借金は返さなければいけない――契約という私たちの社会の構築。例えばラットマンは、法の主体として負債の返済を履行しようとします。しかし債権者である、眼鏡代を立て替えてくれた気のいい郵便局の受付の女性に直接返済するのではなく、同僚の軍人を通じて間接的な方法で返済せねばならないという奇妙な症状――強迫観念に苦しむことになります。その症状は、権力の理念的基礎としての、契約を遵守させる規律訓練的な権力機構のパロディであると言ってよいでしょう（誰かは問わず、とにかく返済せよ、と症状は命ずるのです）。

契約が法ならびに政治権力の理念的基礎だと想定しえた反面では、一望監視方式が強制権の、普遍的に広まった技術方式を組み立てていた。たえずその方式は、社会の法律的構造に深層部で働き続けて、権力が自分に与えてきた形式上の［法律的］枠組みに反して事実上の権力機構を機能させていた。自由［の概念］を発見した《啓蒙時代》は、規律・訓練をも考案したのだった。（『監獄の誕生』二二二頁）

フーコーにならって言えば、「自由の概念を発見した啓蒙時代」は、それ固有の病として、つまり自由の概念の内在的な限界として、強迫神経症を発見したということになります。それはいわば心的症状として構築されたパノプティコンです。

そういうことを踏まえて、精神分析の考古学を考えなければいけないことは確かです。ただ、フロイトは神経症の症状を解釈しましたが、解釈しきれない現実界のようなものがフロイトの時代にもあったわけです。なぜラットマンが同僚を通じて借金を返さねばならないのかといえば、それは死んだ父の負債――ギャンブルに使いこんだ公金を軍の同僚に立て替えてもらいながら、彼はそれを返済せず仕舞いだった――と関連づけられているからであって、フロイトはそのように「解釈される真理」を仮にも構築したわけです。ここで関わるのは、もちろん法契約上の「主体」のみではありえず、むしろ「症状の主体」であり、ラカンが「科学と真理」において分析家達に問いかけたように、そこで関わるのは（アリストテレスの分類による）「原因としての真理」なのです。

……あなた方分析家が行うことには、次のことを確認する意味があるのではないでしょうか、神経症的苦悩の真理とは、原因としての真理を持つことであると。（一九六六年、『エクリ』スイユ社刊、八七〇頁）

たとえば症例では、ラットマンの鼠という言葉だったり、ハンスの恐怖症の馬だったり、いったい何の意味があるのかわからない語があります。症状による苦悩と一体化した謎であり、仮に苦悩が治療により軽減しても、その語が指し示す先は謎のままであり、消えずに残ってしまう。それは歴史的に規定されたものではなく、もっとアルカイックなものであるのかもしれません。鼠という語が示す換喩（お金、借金、繁殖するもの、子供、獰猛で死体を齧る小動物……）の果てにあるのは、言語による指示を超えたある存在なのでしょう。フロイト的な、解釈される主体の真理など排除し、神経症を強迫性障害へ解消しようとする現代の精神医学研究者が気づくことは、不安症状に関連した脳活動をスキャンするためには、まさに患者によって語られたファンタジーを題材とした刺激によって不安を惹起することが必要だということです。そのファンタジーの中で指し示されているのはこの奇妙な語なのです。その意味で強迫性障害の神経科学は未だ一八世紀的な枠組みの限界のもとにあると言えます。

ラカン派からのフーコー批判

久保田　そういう部分は、ラカンが享楽という言葉で扱おうとしてきた部分ですし、セクシュアリティに関する活動のうちで解釈できない部分でもあります。ですから、それについての歴史を論じるのは無理かもしれません。これが、ラカン派からの、フーコーの「性の歴史」プロジェクトに対する一番の批判であると思います。

神経症的主体は、ある固有の、指示され損なう対象において／によって苦悩＝享楽するのですが、主体的にはそれを選べない、ということが問題なのです。単にそれはそのように実在してしまう。そうした奇妙な対象をめぐって、精神分析の主体は分裂しています。ラカンは、精神分析の主体は「科学の主体」であると語りました。すなわち、デカルトのいう純粋な思惟するものとして想定された主体。しかし、これが苦悩することはありません。ゆえに科学の主体に対して、享楽する主体は排除されることになります。あるいはまた、別のかたちの主体化もあり得るでしょう。例えば言説に規定されない、自閉（症）的な享楽に基づく主体化であり、そのような別の主体化について語る可能性は、『狂気の歴史』において既に開かれていたといえるかもしれない――つまり歴史化される狂気に対する『孤島』のような場所の可能性です。

この論集でほとんどひとりだけ、好きなことを書いていた者で、あいかわらず勝手なことを申しましたが、本日はありがとうございました。

『監獄の誕生』における「エコノミー」の概念

北垣　冒頭で小泉さんが提起されたように、フーコーは『狂気の歴史』のなかで「別種の狂気の傾向」すなわち「狂気じみていないこと」の歴史を書く必要があると宣言しました。私の論文もささやかながら、その必要に応えてみたいという思いで書かれたものです。理性の側から否定的に非理性をみるのではなく、むしろ理性を「狂気じみていない」ものとして、何らかの否定の相のもとに捉えようとする態度が、フーコーにはあるように思います。否定といっても、まったく価値を認めないとか、いわゆる全否定ではありません。

ただ、本来想定されている価値は認めず、また過大評価することもけっしてない、ということはあるでしょう。要は、理性を別様にみるということです。本来の拠り所とは違う別の場所に理性を置き直すことで、ある奇妙なつながり／偶然的な結びつきのあり方を示すということです。実際、フーコーの仕事を辿ることで、一九世紀以降の実証主義や自由主義の歴史をそのようなかたちで捉え直すことができるのではないでしょうか。

私は論文のなかでは、『監獄の誕生』における「エコノミー」の概念に注目しています。エコノミーはしばしば「経済策」と訳されますが、場合によっては「調整・節約策」とも訳されています。この概念がまず含意するのは、縮減、つまり小さくなる／少なくなることです。それまでして小さくなったもの／少なくなったものが、場所を移動して、別のかたちをとる。それまでとは別のものと結びつく。エコノミーとは、雑多なものから何かがより分けられて、それが思いもよらぬ異質なものと結びついたり、思いがけない別の場所に移されたりすることです。そしてそのことによって、意外な効果が生じる。例えば遠隔地貿易によって、香辛料をインドからヨーロッパまで運ぶことで、香辛料がヨーロッパではわずかしか存在しないという稀少性が生まれ、その稀少性が大きな価値を生む、つまり貨幣と結びつく、これもひとつのエコノミーです。

『監獄の誕生』でフーコーは「刑罰のエコノミー」というものを見て取ろうとしました。公開による身体刑の残虐さは、刑務所における懲役によって減じられるかもしれないが、刑期が数値で表されることで、また刑罰が労働と結びつくことで、新たな表象の体系が生じ、それが人々の精神のなかに新たな意味を喚起します。そうしたエコノミーのあり方は、フーコーが示すように、監獄のみならず、学校や工場、兵舎でも確認できるでしょう。かくしてわたしたちもフーコーとともに、一九世紀以降の実証主義や自由主義の歴史を、「発見」や「解放」のストーリーではなく、「縮減」や「配置換え」のストーリーとして描き直すことができると思います。

『安全・領土・人口』における sécurité は何を意味するのか

西迫　重田先生、森元先生、ありがとうございます。議論が尽きずに時間が足りなくなってしまうのがこの研究班らしくて、なつかしく感じます。先ほど王寺さんがおっしゃったように、フーコーは一八世紀の終わりに転換点があることを明らかにした人であり、個人的にはそこに一番魅力を感じてきました。

私の論文のテーマは一九七七年度の講義『安全・領土・人口』において、フーコーが分析している sécurité についてでした。日本語では「安心・安全」と訳されることが多いですが、具体的に何を示すのか分かりにくい言葉です。フーコーはこの講義で、セキュリティ装置が一八世紀につくられると述べているのですが、ではその装置がどう作動しているかとなると理解が難しい。さらにこの講義は、一八世紀から古代へと戻り、中世を経て、一八世紀に戻ってくるという流れで進んでいくのですが、全体としてどのような構図になっているかとなると、よく分かっていませんでした。しかし、フーコーがセキュリティという概念を選んで分析しているのだから、理由があるはずです。私が調べた限りでは、そのような観点からの研究は多くはありませんでした。フレデリック・グロによる著作がありますが、私が読む限り分析が不十分なのではないかと思いました。

そこで、この sécurité という言葉の語源に含まれる cura、つまり「配慮／不安」という点から、この講義全体を分析できないだろうか、そうすればセキュリティ装置が何かがはっきりするのではないかと思い、この論文を書きました。重田先生が先ほど言っていたように、私もラテン語とギリシア語ができないので、古代についてフーコーが語ることの裏を取ることはとても難しいと感じているのですが、セキュリティの概念史は幸いなことに英語圏でたくさん分析されていますので、そちらを参考にしました。特にジョン・ハミルトンの著作にはさまざまな示唆を受けました。

ハミルトンによれば、sécurité には「不安を遠ざける」と、「配慮がない」という二つの意味があります。つまりポジティヴな用法と、ネガティヴな用法があるわけです。さらに重要なのは、この言葉が基本的に心理的な状態を表しているということです。実際に安全であるかは重要ではない。なぜならば、そのことを表す言葉が他にあるからです。簡潔に言えば、セキュリティは「心遣い」を表していることになります。自己に対して心遣いができていれば、心の平穏が得られ安心なわけで、周りのものに心遣いができなければ、不注意で怠慢なわけです。配慮ができるのか、不安を遠ざけることができるのか、ということです。

では、なぜこの概念に「安全」の意味が入ってくるのか、その転機はフーコーの言うセキュリティ装置の誕生と関係があると思います。セキュリティ装置という概念を説明するためにフーコーは、都市、経済、予防接種の例をあげています。どれからも説明できるとは思いますが、私の論文では経済から説明しています。フーコーはアベイユという経済学者の論文を使って説明していますが、簡単に言えば主体がホモ・エコノミクスになれば、飢饉という危険はなくなるということです。その理由は、市場が、食料が多い／少ないという周期的な現象として観測されることになり、食料が少なければ他国の投機を誘引するので、食糧不足が解消されると予測できるからです。

ところで、アベイユのテクストを見てみると、sécurité は安全の意味では使われていません。やはり安心の意味で使われています。どういうことかと言えば、国内で食糧が少なくなっても、他国が儲けるために多くの食糧を輸出すると予測できるので、不安にならない、安心だという意味で使われています。このことをフーコーは論じていませんが、ここにおいてセキュリティは、安全かつ安心の意味として用いられるようになると思います。すなわち、未来を予測することで不安ではなくなるのと同時に、飢饉などの危険な現象は起きないものとされるからです。

このような視点からフーコーの講義を再構成することができるとすれば、『安全・領土・人口』は、統治と配慮の問題を扱っているのではないかと言えるのではないでしょうか。王が民を配慮していた時代と比べると、現代のセキュリティ装置は、自己が自己の未来を配慮するように求められるようになっています。しかしそれは、ホモ・エコノミクスとして、統計や確率を使って現状と未来を分析し、判断することを強いられるようになったということもできるでしょう。フーコーはこの観点を理解しない人を非難するアベイユの言葉を引用しています。われわれはリスクを理解し、利口な判断を下すことを強いられているわけです。

私の論文の最後の節では、こうした視点から、次の講義『生政治の誕生』も分析できるのではないか、ということを書きました。また、フーコーは触れていないものの、安全保障（National

Security）という概念がリップマンによって創られたことを考えれば、新自由主義と安全保障の関係も同様の視点から分析する必要があるでしょう。ただ、紙面の都合上、到底書き切れませんでしたので、少し分かりにくい終わりになったと思います。また機会があれば、続きを書きたいと思っています。

「安全・安心」がますます強化される社会にあって、フーコーの哲学はどれほど有効なのか、今回の論文を書きながら考えていました。また、私は感染症の歴史の研究をしていますが、この点についてもまだフーコーの思想が有効であると思っています。これについては、立木さん、佐藤嘉幸さん編集の別論集で「生政治と予防接種」というタイトルで書きました。こちらもご参照いただければと思います。

一九六〇年代のセクシュアリティ講義

坂本　重田先生、森元先生、多岐にわたるコメントをありがとうございます。他の執筆者の方々の論文をより深く読む機会になりました。私の論文では、一九六〇年代にフーコーが行っていた、セクシュアリティについての講義を扱っています。この講義はフーコーがクレルモン＝フェラン大学とヴァンセンヌ大学実験センターでそれぞれ一九六四年と一九六九年に行った講義を、ジャン＝クロード・ドロンが校訂し、解説を付けたものです。

これまでフーコーにおけるセクシュアリティの問題は、一九七〇年代中期以降、つまり『知への意志』刊行以後に集中的に取り上げられたような印象があります（もちろん、コレージュ・ド・フランス講義においてフーコーはセクシュアリティについての言及を徐々に増やしているのですが）。先行研究もこの時期から八〇年代までの思想とセクシュアリティの関係を取り上げることが多かったように思います。その意味では、セクシュアリティの問題はすぐれて系譜学的な問題であるように理解されてきました。しかし、すでに『狂気の歴史』において、セクシュアリティの問題は、狂気との関係において、簡潔ではありますが言及されています。

『狂気の歴史』に続いて刊行された『臨床医学の誕生』や『言葉と物』においては、そうした関心が可視化されることはありませんでした。その意味で六〇年代におけるセクシュアリティをめぐる思想には、大きな欠落があったのです。二〇一八年に刊行されたセクシュアリティ講義は、まさにこの欠落を埋めるものでした。一九六四年の講義では、セクシュアリティは『狂気の歴史』の侵犯の問題系と科学的認識の形成史を交差させつつ論じられています。一九六八年の講義では、セクシュアリティとイデオロギー、そして科学との関係が考察されています。とりわけ、アルチュセールとその弟子たちが展開していたマルクスの構造主義的読解や、弟子たちが中心となって刊行した雑誌『マルクス゠レーニン主義手帖』や『分析手帖』において展開されていた議論が踏まえられていたことがわかります。セクシュアリティについてのいわば六〇年代的な問題系の中での分析というのは、これまで知られていなかったこともあり、非常に刺激的でした。

編者ドロンはこうした議論の中に、七〇年代のフーコーのテーマが既に胚胎していると述べています。しかし、話はそう単純ではないように私には思われました。六〇年代のフーコーは、セクシュアリティの生物学的真理とイデオロギー的誤謬を対立させ、前者によって後者を批判していました。そうした図式は、科学的知の形成にも権力の諸関係を見出す七〇年代のフーコーとは異質なものです。そこに見られる科学的真理への一種の信頼を乗り越えること、それが七〇年代のフーコーが達成したことだとするならば、六〇年代のフーコーがセクシュアリティについての著作を書くことがなかったのは、自然なことにも思えました。その意味では、六〇年代のフーコーのセクシュアリティ研究は一種の限界に突き当たっていたのです。

フーコーはいかにして自らの限界を打破したか

坂本　では、その限界はいかにして打破されたのか。いわば「セクシュアリティの考古学」から「セクシュアリティの系譜学」への移行はどのように果たされたのか、それが論文の後半で論じた問題でした。一九七〇年代初めにいったんセクシュアリティの問題系はフーコーの思想から姿を消します。しかし一九七四年の『精神医学の権力』と一九七五年の『異常者たち』という二つの講義で、セクシュアリティは再度取り上げられます。『監視と処罰』で彼が論じたような知－権力の関係性の中でセクシュアリティは新たな理解、いうなれば系譜学的理解を与えられているのです。

こうして『知への意志』へと至る道筋が明らかになりました。セクシュアリティに関する一〇年以上にわたる思索の軌跡を、われわれは未公刊の講義によって知るところとなったわけです。セクシュアリティ講義では、私たちがいままで知っていたフーコーの議論とは異質なものが出てきて、実はこれはフーコー以外の誰かが書いたものだと言われても信じてしまうような違和感がありました。もちろんフーコーの講義であることは間違いないのですが、そういう違和感について考えてみようと思ったのが、今回の執筆の動機のひとつでした。

コレージュ・ド・フランス講義の刊行終了や『肉の告白』出版により、フーコーのコーパスがほぼ確定したことで、フーコー研究は新たな局面を迎えたように思います。とはいえ、フーコーの未公刊の講義、講演、草稿や読書ノートなどがまだ大量に残されており、フランスのフーコー研究者を中心にして整理、解読、出版がまだまだ続くと思われます。たとえば、一九五〇年代にフーコーが博士論文の計画書として書いた「現象学と心理学」という一五〇ページほどのテクストは、若きフーコーの新たな姿を垣間見せてくれます。この計画書については、『思想』二〇二〇年一〇月号に寄せた論文で言及したのですが、現象学に強い関心を寄せるフーコーの姿が現れている、非常に興味深い文章です。

そもそも、私が博士論文を書いていたときから、当時未公刊だったフーコーの講義の録音を文章に書き起こして、出典などを突き止めるという作業をしていました。苦しくもあり、楽しくもある仕事でした。その頃を思い出して、フーコーの思想の何を知りたいか、何が自分にとって重要かを自問すると、それはフーコーがフーコーになる生成と変容の過程なのです。

一九六〇年代のセクシュアリティ講義は、フーコーの思想の展開にぴったりとはまるものではなく、異質なものがたくさん含まれてます。そこにおもしろさを感じて、今回の論文にまとめました。これまでの私の仕事は、突き詰めてみるとそうした生成と変容の過程を明らかにすることを目指していたと思います。まだまだフーコーにはわれわれの知らないことがあるのではないか、という問題を、未公刊のテクストを追いかけつつ、これからも追いかけていければと思っています。

本日はどうもありがとうございました。

立木 では、森元さん、最後にひと言いただけますでしょうか。

森元　誤読や誤爆の多かったことを省みつつ、執筆者のみなさんの思いやお考えをうかがえたことが、ありがたいばかりです。今日お集まりのみなさんの多くは、まだ本を手にされていないかもしれませんが、六〇〇頁近くで二段組みなのに、たいへん軽くて持ち運びも苦になりません。造本技術はすごいことになっているのだと改めて感じました。ぜひお手に取って確かめてください。

立木　あらためて『フーコー研究』の宣伝もしていただいて、ありがたいかぎりです。長い時間お聞きいただいたみなさん、コメントをいただいた重田さん、森元さん、執筆者の方々、本日は本当にありがとうございました。

（二〇二一年三月二七日配信）

〈特別寄稿＝松本潤一郎――「言語には不在（死）が穿たれている」〉

松本です。拙稿を簡単に紹介します。私は「死者の疎外論」というテーマから、フーコーの仕事を或る程度通覧できるという見通しを立てました。とは言えフーコーのコーパスは膨大であり、多様な問題系をそれぞれ深く研究しているため、彼の全ての仕事を参照・確認したわけではありません。これは一つの仮説です。

参照したフーコーのテクストは主に五つです。拙稿ではビンスワンガー「夢と実存」（一九三〇）へ寄せた「序論」（一九五四）、「カント『人間学』への序論」（一九六一）、『言葉と物』（一九六六）、『知の考古学』（一九六九）、「汚辱に塗れた人々の生」（一九七七年）を順にとりあげました。

キャリア開始期の仕事を見ると、フーコーは疎外論に触発されています。ビンスワンガー論ではサルトルのイマジネーション論を意識しつつ、夢に焦点を当ててビンスワンガーの仕事を論じています。夢において世界と私は一体化しており、私が世界を背景として屹立するのではなく、逆に個体としての私は不在である、とフーコーは考えます。私は遍在し、夢の中に現れる全ての事物である。私とは非現実的なものであり、実存の客観的運動はむしろ夢において示されるから、私以外のあらゆる事物が「私は――」と語りだすというのです。そして遍在は不在と同義だから、想像することは私の死、自殺であるとして、フーコーは自殺を肯定的に論じます。不在の私は事物の客観的運動と一致するから、私の運命と自由は弁証法的に統一される、と。

後にフーコーはこうしたヘーゲル的思考を棄却した、と自己批判的に述べるのですが、私は〈遍在する不在の私〉というモチーフを生涯、彼は手放さなかったと思います。言いかえると、私は生きているとイメージされるのに対して、私以外の事物のイメージが死んでいるのではない。ほんとうは私こそが死んでおり、そのことを否認するために私は生を擬態していて、逆にイメージとは死の擬態であると。語っているのは私ではなく、死んでいる（はずの）事物であり、私は死んでいるのに生きているという錯時状態（アナクロニズム）に陥っている——このように論じた田崎英明さんのフーコー論に私は強く触発されました。田崎さんは後のフーコーからはこの錯時性が消えたと言うのですが、私には、このモチーフは残り続けていると感じられました。

「カント『人間学』への序論」では、『言葉と物』で展開される〈人間学批判〉の片鱗が窺われます。確かにフーコーはビンスワンガーをも人間学の中に位置づけるのですが、先述したモチーフは姿を変えて存続している、と私は読みました。詳細は拙稿を読んでいただきたいのですが、ここでも発話する〈私〉は錯時的です。〈私〉＝主体を構成する諸要素の綜合は時間によってつねに脅かされている、とも論じられています。また「人間としての私は私自身に対して外的な感覚対象であり、世界の一部である」というカントの遺稿に含まれる断章にフーコーは、〈私〉と世界は同じものであり且つ〈私〉の存在ゆえに異なる、という一種のトポロジーを読み込んでいます。これを私は、ビンスワンガー論における夢の中でのみ実現する〈私〉のいない完璧な世界が、〈人間学〉に妨げられる構図と捉えました。

『言葉と物』ではルネサンス／古典主義／近代という時代区分が採用されます。古典主義と近代を区切る指標が「人間」あるいは「有限性」です。「人間」は「労働」「生命」「言語」という思考されないものにとり憑かれており、自らの起源、つまり自己同一性を見いだそうとする当の身ぶりによって自己同一性を自ら遠ざけます。この「同じ者」を穿つ距たりに、〈私〉の錯時性が引き継がれていると私は考えました。そして、一見通時的な時代区分を定めるのは現在、つまり〈私たち〉と当の〈私たち〉との関係であり、その根底には〈人間学〉に囚われた現在からの離脱を〈私たち〉に促す、死者の錯時的作用があると論じました。

〈私たち〉の問題を『知の考古学』は受け継ぎます。そこでのモチーフは「私たち自身のアルシーヴ」を規定する「時間の縁」を示すことだったからです。このモチーフは「私たち自身の存在論」へ継承されます。（『自己と他者の統治』一九八三年一月五日付講義を参照してください。）『知の考古学』の主な研究対象は言説形成です。「人間（学）」も言説形成を通して出現しました。ここをいかに突破するかが問題となります。詳細は拙稿を読んでいただくとして、要点だけ述べておきます。言説を構成する言表についてフーコーは、言語には不在（死）が穿たれていると述べています。言語という死の堆積において〈私たち〉は〈私たち〉の外、〈人間学〉の外へ出ます。〈私たち〉には〈私たち〉自身のアルシーヴの全体を記述することはできません。ただアルシーヴには、〈私たち〉に近接しつつ〈私たち〉の現在性とは異なる、〈私たち〉を取り囲む「時間の縁」があって、この縁が〈私たち〉の境界-輪郭を画定しています。だから〈私たち〉のアルシーヴの記述は、〈私たち〉のものであることをやめたばかりの言説を起点として展開されることになります。その意味でアルシーヴの記述は〈私たち〉の〈私たち〉からの切断です。言表は「時間の縁」に沿って、〈私たち〉を現在との関係において過去へ遡行させ、時代を区分します。そこに〈私たち＝現在性〉を脱け出す鍵があります。後のフーコーのルネサンス以前への遡行も、言わば死者に促されてのことでしょう。

最後に私は「汚辱に塗れた人々の生」で描出された、言葉によって力の作用に巻き込まれて消えた人びとの生に、ビンスワンガー論における夢の中で自殺する〈私〉を重ね合わせました。フーコーにとって主体とは、言わば始めから死者だった。疎外された生の回復ではなく、死への〈私〉の回帰が、彼のモチーフの一つだったのではないでしょうか。

あとがき――四時間半に及ぶ「狂い咲き」の記録＋（プラス）

見込みの甘い企画だった。

本書の元になったオンライン・シンポジウムのことだ。「『フーコー研究』出版記念シンポジウム　狂い咲くフーコー」と題されたこの企画は、二〇二一年三月二七日、三〇〇名ほどの視聴者に見守られながら、Zoomウェビナー形式で催された。

小泉義之・立木康介編『フーコー研究』は、二〇一七年に京都大学人文科学研究所（人文研）にて組織された共同研究「フーコー研究――人文科学の再批判と新展開」の最終成果報告書であり、その出版を記念して何らかのイベントを――実際にもそうしたとおり、人文研のオフィシャル企画「人文研アカデミー」の枠で――開くことは、前年、つまり二〇二〇年初頭の段階で決まっていた。

だが、それとは別に二〇二〇年六月に予定していたオラツィオ・イレラ＆マウリツィオ・ラッツァラート講演会（こちらは佐藤嘉幸氏のプロデュースで、フーコー班に乗り入れている二つの科研費プロジェクトが主催するイベントとして組まれた企画だった）が、コロナ禍ゆえ計画変更を余儀なくされたため、私は安易にも、それをオンライン開催で二一年三月にスライドさせ、『フーコー研究』出版記念シンポジウムに充ててしまえばよいと考え、二〇年一二月まですっかりそのつもりでいた。

だが、ちょうどそのころ、『フーコー研究』の初校ゲラが上がったタイミングで（私の記憶が正しければ）、岩波書店の担当者・押川淳さんからやんわりと「販促」の後押しがほしいと要請があり、イレラ&ラッツァラート講演会の準備が進んでいたこともあって、「よしきた」と反射的にそれに応じた私は、そのあとふと考えてしまった。イレラ&ラッツァラートの企画は、通訳を入れないフランス語のみのセッションとする予定だった。はたして、それで販促効果を生むような集客ができるのだろうか。

日本語で催される「出版記念シンポジウム」を企画し直さなければならないことは明らかだった。しかし、あれこれアイデアを捻っている時間はもうない。十分な準備が必要になる講演のようなものを誰かに依頼するにも、三ヵ月は短い。残された選択肢は、フーコー班の前身である「ヨーロッパ現代思想と政治」班（市田良彦班長）の論集出版のときにも覚えのある「合評会」形式だけだった。

とはいえ、二段組みで六〇〇頁弱のヴォリュームである。それに目を通してコメントして下さいと依頼できる相手は自ずと限られる。重田園江さんのお名前はフーコー班で度々挙がっており、我が国のフーコー研究を長年牽引してこられたおひとりとして、本来もっと早くにゲストとしてお迎えしてしかるべきだったのだが、ここまでその機会がなかったことが、かえってこの合評会で存在感を発揮していただくのに奏功するように思われた。その向こうを張っていただく役には、読解力の深さと守備範囲の広さに定評があり、フーコー班メンバーの何人かと近しい間柄でおられる西洋思想史界の俊英、森元庸介さんのお名前しか私には思い浮かばなかった。実際、お二人が各執筆者からどれほど本気度の高い応答を引き出してくださったかは、お読みいただいたとおりである。

だが、それでも、私の見込みは甘すぎた。お二人のコメントに三〇人の執筆者が応答するには、二時間半というスパンは短すぎたのだ。当日、何人かの欠席者が出るかもしれないし、発言者はきっと手短に発言し（ようと努力し）てくれるだろう……などと私はぼんやり想像していた。だが、当日欠席したメンバーはひとりだけ（その松本潤一郎さんにも本書には特別寄稿で参加してもらった）。そして、思い思いに自身の「フーコー研究」の集大成をぶつけてくれた各執筆者が、その内容にかかわる応答を「手短に」済ませることなどできるはずがない。結局、セッションは四時間半に及んだが、それでも十分に発言できなかった執筆者にはフラストレーションもたまったにちがいない。ひとえに私の企画力のなさが招いた結果と、お詫びしなくてはならない。

そこに救いをもたらしてくれたのは、読書人の明石健五さんだった。当初からこの合評会に関心を示してくれていた明石さんは、セッションの録画をご覧になったうえで、全体を文字に起こすと申し出てくれた。それを実行してくれたのは、四月にも『フーコー研究』をめぐる鼎談（小泉義之×田中祐理子×立木）でお世話になっていた田中拓真さんだ。その際、明石さんは、それぞれのコメンテーター及び発言者が当日には語りきれなかったことを、加筆する自由を許してくれた。それによって本書は、私の企画ミスのせいでイベントに課せられた時間的制約を取り払い、『フーコー研究』の「出版記念」の名にふさわしい充実度、すなわち「狂い咲き」を、私たちの言葉に取り戻させてくれた。この場をお借りして、明石さんと田中さんに心から感謝申し上げたい。

＊

なお、一時は「出版記念イベント」になりかけたイレラ&ラッツァラート講演会は、合評会の翌日、つまり二一年三月二八日にオンライン研究会の形で開催され、その録画が四月一一日から五月九日までのあいだYouTube上で公開された（のべ四五五回視聴された）。この講演会のためにラッツァラート氏が用意したものの、その場では読まなかった（同じ内容がアドリブで語られたのだ）原稿は、佐藤嘉幸・箱田徹両氏によって翻訳され、私たちのもうひとつの論集（佐藤嘉幸・立木編『ミシェル・フーコー『コレージュ・ド・フランス講義』を読む』）に収録されている。『フーコー研究』と併せて、この副論集のほうもお手にとっていただきたい所以である。

二〇二一年五月 「第四波」のさなかに

立木 康介

『フーコー研究』（岩波書店）論文一覧

I

安全／科学／セクシュアリティ

1疫病下のフーコー――死に照らされた深い革命（小泉義之）

2配慮と不安を遠ざけるもの――『安全・領土・人口』におけるセキュリティについて（西迫大祐）

3フーコーの「考古学」と科学史記述――「断絶説」をめぐって（隠岐さや香）

4言説、科学、イデオロギー――「セクシュアリテの考古学」から「セクシュアリテの系譜学」へ（坂本尚志）

II

啓蒙／批判／主体

1フーコーと啓蒙――自己へのオデュッセイアの途上で（佐藤淳二）

2フーコーとカントの人間学――「私たちの知の根拠へと向かわせる秘密の道」をめぐって（田中祐理子）

3死者の疎外論（松本潤一郎）

4主体とは何か（藤田公二郎）

III

言語／文学／芸術

著者紹介（五十音順）

相澤伸依（あいざわ・のぶよ）
東京経済大学教授。哲学・倫理学。京都大学大学院文学研究科博士課程修了。博士（文学）。論文に「フランスの中絶解放運動における三つのマニフェスト――紹介と考察」（二〇二〇年）。

市田良彦（いちだ・よしひこ）
神戸大学教授。社会思想史。京都大学大学院経済学研究科修士課程修了。著書に『ルイ・アルチュセール 行方不明者の哲学』（二〇一八年）。

上尾真道（うえお・まさみち）
京都大学人文科学研究所研究員。精神分析・精神医学史。京都大学大学院人間・環境学研究科博士課程修了。博士（人間・環境学）。著書に『ラカン 真理のパトス 一九六〇年代フランス思想と精神分析』（二〇一七年）。

上田和彦（うえだ・かずひこ）
関西学院大学教授。フランス文学・思想。東京大学大学院人文社会系研究科フランス語フランス文学博士課程修了。博士（文学）。著書に『レヴィナスとブランショ 〈他者〉を揺るがす中性的なもの』（二〇〇五年）。

王寺賢太（おうじ・けんた）
東京大学准教授。フランス文学・思想／社会思想史。パリ西大学博士（近代文学）。訳書にフーコー『カントの人間学』（二〇一〇年）。

隠岐 さや香（おき・さやか）
名古屋大学教授。科学社会学・科学技術史。東京大学大学院総合文化研究科博士課程満期退学。博士（学術）。著書に『科学アカデミーと「有用な科学」 フォントネルの夢からコンドルセのユートピアへ』（二〇一一年）。

重田 園江（おもだ・そのえ）
明治大学教授。現代思想・政治思想史。東京大学大学院総合文化研究科博士課程単位取得退学。著書に『ミシェル・フーコー 近代を裏から読む』（二〇一一年）。

北垣 徹（きたがき・とおる）
西南大学教授。思想史・精神医学史。パリ社会科学高等研究院（EHESS）DEA取得。訳書にカステル『社会喪失の時代』（二〇一四年）。

久保田 泰考（くぼた・やすたか）
滋賀大学教授。精神医学・行動神経科学・精神分析。京都大学大学院医学研究科博士課程修了。博士（医学）。著書に『ニューロラカン 脳とフロイト的無意識のリアル』（二〇一七年）。

小泉 義之（こいずみ・よしゆき）
立命館大学教授。哲学・倫理学。東京大学大学院人文科学研究科博士課程退学。著書に『小泉義之政治論集成I・II』（二〇二一年）。

坂本 尚志（さかもと・たかし）
京都薬科大学准教授。哲学・倫理学。ボルドー第三大学博士（哲学）。著書に『バカロレア幸福論 フランスの高校生に学ぶ哲学的思考のレッスン』（二〇一八年）。

柵瀬宏平（さくらい・こうへい）
白鷗大学講師。哲学・フランス思想。東京大学大学院総合文化研究科博士課程単位取得退学。論文に「因果的決定論から悲劇的行為へ：精神分析的主体をめぐって」（二〇一七年）。

佐藤淳二（さとう・じゅんじ）
京都大学教授。フランス思想・表象理論。東京大学大学院博士課程修了。博士（文学）。論文に「フーコーと表象のリミット〈ラモーの甥〉から〈ルソー〉へ」（二〇一九年）。

佐藤嘉幸（さとう・よしゆき）
筑波大学准教授。哲学・思想史。パリ第十大学博士（哲学）。著書に『権力と抵抗　フーコー・ドゥルーズ・デリダ・アルチュセール』（二〇〇八年）。

柴田秀樹（しばた・ひでき）
滋賀短期大学他非常勤講師。フランス文学・思想。京都大学大学院文学研究科博士課程研究指導認定退学。論文に「ミシェル・フーコーとマラルメ」（二〇二〇年）。

武田宙也（たけだ・ひろなり）
京都大学准教授。美学・芸術学。京都大学大学院人間・環境学研究科博士課程修了。博士（人間・環境学）。著書に『フーコーの美学　生と芸術のあいだで』（二〇一四年）。

田中祐理子（たなか・ゆりこ）
神戸大学准教授。近代医学思想史・表象文化論。東京大学大学院総合文化研究科博士課程単位取得退学。博士（学術）。著書に『病む、生きる、身体の歴史　近代病理学の哲学』（二〇一九年）。

千葉雅也（ちば・まさや）
立命館大学教授。哲学・表象文化論。東京大学大学院総合文化研究科博士課程修了。博士(学術)。著書に『動き過ぎてはいけない　ジル・ドゥルーズと生成変化の哲学』（二〇一三年）。

立木康介（ついき・こうすけ）
京都大学人文科学研究所教授。精神分析。パリ第八大学博士（精神分析学）。著書に『女は不死である　ラカンと女たちの反哲学』（二〇二〇年）。

中井亜佐子（なかい・あさこ）
一橋大学教授。英文学・ポストコロニアル文学。オックスフォード大学博士（英文学）。著書に『〈わたしたち〉の到来　英語圏モダニズムにおける歴史叙述とマニフェスト』（二〇二〇年）。

長原豊（ながはら・ゆたか）
法政大学教授。思想史・経済理論・日本経済史。著書に『ヤサグレたちの街頭　瑕疵存在の政治経済学批判　序説』（二〇一五年）。

西迫大祐（にしさこ・だいすけ）
沖縄国際大学准教授。法哲学。明治大学大学院法学研究科博士課程修了。博士（法学）。著書に『感染症と法の社会史　病がつくる社会』（二〇一八年）。

丹生谷貴志（にぶや・たかし）
神戸市外国語大学名誉教授。美学・表象論。東京芸術大学大学院美術研究科修了。著書に『三島由紀夫とフーコー　〈不在〉の思考』（二〇〇四年）。

箱田 徹（はこだ・てつ）
天理大学准教授。社会思想史・現代社会学。神戸大学大学院総合人間科学研究科博士課程修了。博士（学術）。著書に『フーコーの闘争 〈統治する主体〉の誕生』（二〇一三年）。

廣瀬 純（ひろせ・じゅん）
龍谷大学教授。映画論・現代思想。パリ第三大学映画視聴覚研究科DEA課程修了。著書に『シネマの大義 廣瀬純映画評論集』（二〇一七年）。

藤田 公二郎（ふじた・こうじろう）
西南学院大学准教授。現代哲学。パリ東大学博士（哲学）。論文に「生命的-主権的複合体 フーコーの人文科学批判の射程」（二〇一九年）。

布施 哲（ふせ・さとし）
名古屋大学准教授。政治学・政治哲学・思想史。エセックス大学博士（政治学）。著書に『希望の政治学 テロルか偽善か』（二〇〇八年）。

堀尾 耕一（ほりお・こういち）
東京古典学舎代表。西洋古典学。東京大学大学院人文社会系研究科博士課程単位取得退学。翻訳にアリストテレス『弁論術』（二〇一七年）。

前川 真行（まえがわ・まさゆき）
大阪府立大学教授。思想史。京都大学大学院経済学研究科博士課程単位取得退学。論文に「甘いパンには毒があるのか」（二〇二〇年）。

松本潤一郎（まつもと・じゅんいちろう）
就実大学准教授。近現代欧米圏哲学・思想・理論。立教大学大学院文学研究科博士課程修了。著書に『ドゥルーズとマルクス　近傍のコミュニズム』（二〇一九年）。

森本淳生（もりもと・あつお）
京都大学准教授。フランス文学。ブレーズ・パスカル＝クレルモン第二大学博士（フランス文学・文明）。著書に『小林秀雄の論理　美と戦争』（二〇〇二年）。

森元庸介（もりもと・ようすけ）
東京大学准教授。思想史。パリ西大学博士（哲学）。著書に *La Légalité de l'art. La question du théâtre au miroir de la casuistique*（二〇二〇年）。

狂い咲く、フーコー

京都大学人文科学研究所　人文研アカデミー
『フーコー研究』出版記念シンポジウム全記録＋（プラス）

2021 年 8 月 24 日　初版第 1 刷発行
2021 年 9 月　1 日　　　第 2 刷発行

著　者　　相澤伸依・市田良彦・上尾真道・上田和彦・王寺賢太・隠岐さや香
重田園江・北垣徹・久保田泰考・小泉義之・坂本尚志・柵瀬宏平
佐藤淳二・佐藤嘉幸・柴田秀樹・武田宙也・田中祐理子・千葉雅也
立木康介・中井亜佐子・長原豊・西迫大祐・丹生谷貴志・箱田徹
廣瀬純・藤田公二郎・布施哲・堀尾耕一・前川真行・松本潤一郎
森本淳生・森元庸介

発 行 者　　明石 健五

発 行 所　　株式会社 読書人
〒101-0051 東京都千代田区神田神保町 1-3-5
Tel : 03-5244-5975　Fax : 03-5244-5976
https://dokushojin.com/
email : info@dokushojin.co.jp

装　丁　　坂野仁美

印刷・製本　中央精版印刷株式会社

ISBN978-4-924671-48-5　C0010

福島原発集団訴訟の判決を巡って
民衆の視座から

前田朗・黒澤知弘
小出裕章・崎山比早子
村田弘・佐藤嘉幸 著

二〇一九年二月二〇日、横浜地方裁判所の「勝訴判決」を獲得した福島原発かながわ訴訟原告団、弁護団、支援する会が開催したシンポジウムの全記録。判決の法的問題点、巨大な危険を内包した原発、それを安全だといった嘘など。

A5判・一一二頁・一一〇〇円

ディアローグ デュラス／ゴダール全対話

マルグリット・デュラス／
ジャン＝リュック・ゴダール 著
福島勲 訳

これまで一部のみ翻訳されていた、デュラス／ゴダールの三つの対話を、マルグリット・デュラス・アーカイブ、並びにフランス現代出版史資料館のマルグリット・デュラス寄贈資料に残る音声資料から完全再現。

四六判・二二四頁・三〇八〇円

映画時評集成 2004‐2016

伊藤洋司 著

稀代のシネフィル伊藤洋司が語る一三七〇本の名作映画。『週刊読書人』で連載された一三年間・全一五五回の「映画時評」。それに加えて青山真治、黒沢清、ペドロ・コスタらとの対話を収録。付／青山真治・伊藤洋司が選ぶ「映画ベスト三〇〇本」。

四六判・五二六頁・二九七〇円

〈68年5月〉と私たち
「現代思想と政治」の系譜学

王寺賢太・立木康介 編

〝68年5月〟の出来事と同時代の思想の双方に触発されながら、現在について考える。二〇一八年五月、京都大学人文科学研究所で行われた連続セミナー（全一〇回）の全記録。〝68年5月〟は今、私たちに何を問うているのか。

A5判・三三二頁・三九六〇円

東洋／西洋を越境する
金森修科学論翻訳集

金森修 著
小松美彦・坂野徹・隠岐さや香 編

二〇一六年に夭折した著者がフランス語で発表した八本の論文を、気鋭の研究者が翻訳。「宮沢賢治—ある詩人の物質的読解」「ガストン・バシュラールにおける実験装置の科学認識論」「一瞬の形態を固定する—ベルクソン論」他。

四六判・二三八頁・四一八〇円

連続討議 文系学部解体 大学の未来 @横浜国立大学

室井尚・内田樹
吉見俊哉・日比嘉高ほか 著

横浜国立大学で開講されたセミナー「文系学部解体——大学の未来」（全五回）の記録。『『文系学部解体』以降の日本の大学』『『文系学部解体』vs.『「文系学部廃止」の衝撃』』「文部科学省との正しい付き合い方—こじれた関係を修復するために」ほか。

Kindle版・一〇〇〇円

柄谷行人書評集

柄谷行人 著

朝日新聞掲載の書評一〇七本を収録。それに加えて、一九六〇年代から八〇年代にかけて執筆された書評、文芸批評、作家論、文庫解説、全集解説など、著者自筆単行本未収録論文を五一本収録。

四六判・五九八頁・三五二〇円

柄谷行人発言集 対話篇

柄谷行人 著

デビューから半世紀にわたる対話の記録を集成。著者単行本未収録の対話から、五五本（四七名）を収録。総原稿は一〇四万字超。二〇〇〇項目の事項索引をはじめ文献索引、人名索引、目次年表は、現代日本思想史を俯瞰する。

A5判・九四〇頁・八五八〇円

民主主義は不可能なのか？
コモンセンスが崩壊した世界で

宮台真司・苅部直 渡辺靖 著

現代の三賢人が語り尽くした「10（平成後期10年間）＋1（10年後の未来に向けて）」。世界は、社会は、人びとの心は、どう変わったのか。二度の政権交代、トランプ政治、東日本大震災、脱原発運動、格差社会、天皇退位、沖縄基地問題……。

四六判・四二二頁・二六四〇円